FACULTÉ DE DROIT DE PARIS.

DROIT ROMAIN

DES

ASSEMBLÉES LÉGISLATIVES A ROME

DROIT FRANÇAIS

DU DROIT DE RÉUNION

PAR

Réné PETIT

AVOCAT A LA COUR D'APPEL

PARIS

A. COTILLON & Cie, IMPRIMEURS-ÉDITEURS,

Libraires du Conseil d'État et de la Société de Législation comparée,

24, RUE SOUFFLOT, 24

1883

THÈSE
POUR LE DOCTORAT

DROIT ROMAIN

DES

ASSEMBLÉES LÉGISLATIVES A ROME

DROIT FRANÇAIS

DU DROIT DE RÉUNION

THÈSE POUR LE DOCTORAT

PAR

René PETIT

AVOCAT A LA COUR D'APPEL

L'acte public sur les matières ci-après sera présenté et soutenu le *samedi 23 juin 1883*, à 9 heures 1/2.

PRÉSIDENT : M. JALABERT,

SUFFRAGANTS : MM. VUATRIN, CAUWÈS, PROFESSEURS. LAINÉ, ESMEIN. AGRÉGÉS.

Le candidat répondra, en outre, aux questions qui lui seront faites sur les autres matières de l'enseignement.

PARIS

A. COTILLON & Cie, IMPRIMEURS-ÉDITEURS,

Libraires du Conseil d'État et de la Société de Législation comparée,

24, RUE SOUFFLOT, 24.

1883

DES

ASSEMBLÉES LÉGISLATIVES A ROME.

L'histoire des assemblées législatives à Rome peut se diviser en plusieurs périodes.

Dans la première, le pouvoir se trouve concentré entre les mains du peuple; c'est dans les comices que sont votées toutes les lois sans exception. Mais il est une autre assemblée, le Sénat, qui, au point de vue législatif, occupe dans l'État une situation spéciale. Sans prendre parti ici dans les controverses qui seront soulevées plus loin, sur la nature et l'étendue de ses pouvoirs, on peut dire, d'une façon générale, qu'il a une part effective dans l'œuvre législative.

Telle est, dès la fondation de Rome, la composition du pouvoir législatif : à côté d'une assemblée populaire toute puissante, se trouve un conseil qui peut, le plus souvent, intervenir pour opposer une sorte de *veto* à la loi votée par les comices et paralyser ainsi son action.

Cet état de choses dure jusqu'à la fin de la République. A ce moment le peuple se déshabitue, peu à peu, de ces réunions dans lesquelles il a perdu toute

1.

influence. A partir des guerres civiles, en effet, le *forum* est envahi par de véritables comités qui se chargent de diriger les suffrages de la multitude, et ne reculent même pas devant des violences matérielles pour s'assurer du succès.

Aussi, les Empereurs peuvent-ils, sans provoquer de bien vives réclamations, supprimer peu à peu les comices et les remplacer par le Sénat. A mesure que les assemblées populaires deviennent plus rares, le nombre des sénatus-consultes va croissant, et, dès les premiers temps de l'Empire, ils sont l'unique source de la loi.

Au commencement de son règne, Auguste avait réuni, autour de sa personne, un certain nombre de sénateurs et de jurisconsultes qui formèrent le *concilium principis*. Ce conseil, qui n'a à l'origine aucune situation officielle dans l'État, ne tarde pas cependant à prendre place à côté du Sénat. Vers la fin du second siècle, son influence devient telle qu'elle annihile complétement celle du Sénat.

Après plusieurs transformations successives, le *concilium principis* devient, sous le Bas-Empire, le *sacrum consistorium*; il absorbe alors toutes les attributions législatives, et ne laisse au Sénat que le rôle de conseil purement consultatif.

Nous allons, dans une première partie, étudier le fonctionnement des comices, depuis leur institution jusqu'à leur suppression par les Empereurs.

Dans une seconde partie, nous examinerons quel a été le rôle du Sénat, tant sous la République que sous le régime impérial.

Nous indiquerons enfin, en peu de mots, la décadence de l'autorité du Sénat et son remplacement par le conseil de l'Empereur.

PREMIÈRE PARTIE.

DES COMICES DU PEUPLE ROMAIN.

La première organisation des assemblées populaires date de Romulus, s'il faut en croire les récits des historiens latins. Les comices ont subi plusieurs transformations, ils ont néanmoins existé jusqu'aux premiers temps de l'Empire. Mais à cette époque, ils ne sont plus que l'ombre d'eux-mêmes, car le pouvoir effectif est aux mains du prince.

Durant toute la première période le peuple exerce le pouvoir législatif d'une façon souveraine, il n'y a pas de droit ni de pouvoir qui ne prenne sa source dans un de ses votes. Ses assemblées sont générales ; tous les citoyens ont le droit et le devoir d'y assister pour exercer le pouvoir législatif et judiciaire.

Ce genre de démocratie n'est pas spécial à Rome ; nous le retrouvons dans les autres républiques de l'antiquité : à Sparte, à Athènes. Le citoyen exerce ses droits directement et sans délégation. C'est pour reconnaître la souveraineté absolue du peuple, que les magistrats investis du pouvoir exécutif à Rome, inclinent devant lui les faisceaux de leurs licteurs (*fasces submittunt*). C'est ainsi qu'ils rendent hommage à cette puissance suprême de qui émane toute autorité (1).

____

(1) « Nemo potestatem habet nisi a populo », dit Cicéron (*De lege agr.*, II, 11).

Pour exercer le pouvoir qui lui appartient le peuple se réunit dans différentes sortes d'assemblées.

Le terme générique qui les comprend toutes est celui de *concilium* (1), qui désigne à la fois, d'une façon indéterminée, toute espèce d'assemblée publique, et, dans un sens plus précis, celles qui n'ont aucun caractère légal, et sont convoquées par un citoyen sans mandat. Ce sont là des réunions publiques au sens moderne du mot.

A côté des *concilia* se placent les *conciones* (2). Tous les magistrats ont le droit de rassembler le peuple pour lui faire des communications, recueillir son avis; mais un simple particulier ne peut le convoquer ni le présider (3), il peut seulement y prendre la parole si le magistrat président la lui accorde « concionem dare alicui ».

Le *jus concionem habendi cum populo* peut être exercé par tous les magistrats: mais ceux-ci sont soumis aux règles de la hiérarchie. Ainsi, un magistrat supérieur peut appeler à lui et présider une *concio* convoquée par un magistrat inférieur. Pourtant une exception est faite en faveur des tribuns du peuple. Aucun magistrat ne peut exercer

---

(1) Le sens technique des mots *concilium* et *comitium* est expliqué par Mommsen, qui montre que ces deux termes ont fini par être synonymes (*Römische Forschungen*, I, p. 170, note 8).

(2) « Concio significat conventum, non tamen alium, quam eum, « qui a magistratu vel a sacerdoti publico per præconem vocatur. »

(3) La *concio* s'oppose à l'ἐκκλησία des Grecs.

vis-à-vis d'eux le droit d'évocation. Le consul a, de plus, comme fonctionnaire placé au sommet de la hiérarchie, le droit d'interdire une *concio*; le préteur a le même pouvoir vis-à-vis des magistrats autres que les consuls et les tribuns de la plèbe.

Les assemblées les plus importantes sont les comices; le peuple y est officiellement consulté, et il est appelé à se prononcer, par un vote, sur les propositions qui lui sont soumises.

Si un magistrat d'un ordre quelconque peut convoquer des *conciones*, à l'inverse les *comitia* ne peuvent être réunis que par certains magistrats, à qui la loi a donné spécialement le *jus agendi cum populo*.

Souvent l'assemblée des comices est précédée d'une *concio* dans laquelle les citoyens discutent préalablement le projet de loi qui doit leur être soumis. Parfois un magistrat provoque de semblables conférences, quand il s'intéresse au vote; il peut, de cette façon, réfuter les objections que soulève la proposition de loi, et vaincre les résistances qui auraient pu aboutir à son rejet.

Nous allons nous occuper des *comitia*, et encore n'allons-nous pas examiner toutes leurs attributions; nous laisserons de côté leur pouvoir électif et judiciaire, et ne nous occuperons que de leur compétence législative.

Il y a eu à Rome trois sortes d'assemblées du peuple ; les *comitia curiata*, les *comitia centuriata* et les *comitia tributa*. Elles diffèrent par la manière de grouper les citoyens pour le vote. Les premières ont été usitées, surtout à l'époque royale, et si elles n'ont pas disparu complètement lors de l'institution des comices, cela s'explique surtout par les habitudes coutumières des Romains, par le respect qu'ils professaient pour les choses anciennes, et pour tout ce qui faisait partie des usages de leurs pères (*mos majorum*).

Les *comitia centuriata* ont été pendant longtemps l'assemblée la plus ordinaire, celle que les Romains nommaient *comitatus maximus*. Les *comitia tributa*, après avoir été spéciaux à la plèbe, finirent par conquérir une autorité indiscutée sur le peuple tout entier.

Il est d'autres *comitia* qui ne doivent pas être confondus avec les précédents, parce qu'ils sont d'un genre tout particulier : ce sont les *comitia calata* (1) qui peuvent être *curiata* ou *centuriata*. Ils sont convoqués pour procéder, en présence du peuple, à certains actes pour lesquels son assentiment est requis. L'exemple le plus connu est celui de la confection des testaments, et aussi de l'adrogation (2). Dans ces deux cas les *comitia calata* étaient

---

(1) Nous notons ici, en passant, les *comitia calata*, parce que nous n'aurons plus l'occasion d'en reparler.

(2) Cicéron cite l'adrogation de Clodius, pour laquelle César présida les comices en qualité de consul. — Dion Cass., XXXIX, 11. — Tacite, Hist. I, 15.

réunis par curies. Aulu-Gelle affirme qu'ils pouvaient se réunir également par centuries; mais nous n'en connaissons pas d'exemple. Ils sont convoqués par un licteur, sur l'ordre du *Pontifex maximus* qui préside l'assemblée au Capitole, devant la *curia calabra* (1).

I. — COMICES PAR CURIES.

Avant de nous occuper de l'organisation des comices nous devons préalablement étudier le classement des citoyens en curies.

1° *Des curies.*

La division du peuple romain en tribus et curies remonte à Romulus. Denys (2) rapporte que le premier roi de Rome commença par prélever, avant tout partage du territoire de la ville, deux parts réservées : l'une à l'entretien de la religion et de ses ministres, l'autre aux besoins des services publics. Quant aux terres concédées aux citoyens, elles furent divisées en trois tribus, celles des Titienses, des Ramnenses et des Luceres. Varron fait de cette répartition en trois tribus une division territoriale (*ager romanus divisus in partes tres*); Denys au

(1) Paul Diac., p. 49. — Varron, *De ling. lat.*, V, I.
(2) Denys, II, 7.

contraire dit qu'elle avait pour but de réunir les *gentes* de même origine.

Quoi qu'il en soit de cette question, il est certain que les tribus servent de base à la composition des plus anciens collèges sacerdotaux, et aussi au recrutement de l'armée, en particulier à la formation des centuries de cavaliers. Celles-ci portent en effet des noms correspondants à ceux des tribus.

Cette division en tribus n'a pas eu une bien longue durée ; après Servius Tullius elle disparaît complètement, en laissant pourtant une trace de son existence dans les sections de cavalerie, qui continuent à porter les noms des anciennes tribus, et dans le nombre des membres composant le collège des vestales et des augures.

Denys et Plutarque donnent à la tribu un chef (*tribunus*). Des auteurs modernes ne voient dans ce magistrat que le maître de la cavalerie qui commande les *equites* de chaque tribu, et non pas un fonctionnaire spécial, investi d'une autorité effective sur tous les citoyens, en dehors du temps de service militaire.

Le témoignage des deux auteurs que nous venons de citer nous semble tellement affirmatif que nous ne saurions l'écarter aussi arbitrairement. Il est confirmé d'ailleurs par le rapprochement avec l'institution grecque similaire la *phratie* (1).

---

(1) Denys, II, 7. — Plutarque, *Romul.*, 20.

L'histoire nous fait connaître que les tribus n'ont pas toujours existé telles qu'elles avaient été fondées; Tarquin l'Ancien voulut en doubler le nombre, dans un but que nous ne connaissons pas. Ne peut-on conjecturer que ce prince, profitant de l'augmentation de la population, à la suite de l'annexion de l'Étrurie, avait voulu modifier le classement des citoyens, en l'instituant sur une base plus large ? Mais il en fut empêché par l'augure Attus Navius, et il se contenta de doubler le nombre des chevaliers.

Chaque tribu avait été divisée par Romulus en dix curies, et chacune de celles-ci en dix décuries. Cette dernière subdivision, complètement inutile dans l'organisation politique, disparut promptement. On en retrouve cependant la trace dans les mariages avec *confarreatio* ; les dix témoins requis pour la cérémonie représentent la décurie.

La division du peuple en 30 curies s'est maintenue jusqu'à l'Empire; on a pourtant soutenu que leur nombre avait été ultérieurement porté à 35, pour les identifier aux 35 tribus. Cette opinion s'appuie sur un texte de Saint-Augustin (1), et sur deux passages de P. Diacre (2) : « Cum essent Romæ XXXV « tribus, quæ et curiæ sunt dictæ, » et aussi : « Ro- « mulus populum distribuit (in curias) numero XXX, « quibus postea additæ sunt quinque, ita ut in sua

---

(1) St-August., *Comment.* 121, Psalm., § 7.

(2) P. Diac., vº *Centum viralia*, p. 54, 49. — Consultez sur ce passage Mommsen, *Römische Forschungen*, I, p. 142 et 143.

« quisque curia sacra publica faceret, feriasque ob-
« servaret. » Ces auteurs vont donc jusqu'à assimiler
complètement les tribus aux curies. Mais ces témoignages ne sont pas absolument décisifs, ils sont trop
récents pour mériter une entière confiance, d'autant
plus qu'ils sont formellement contredits par les auteurs contemporains. Ce qui prouve jusqu'à l'évi-
dence qu'il n'y a jamais eu plus de 30 curies, c'est
que les comices par curies ont été remplacés par des
licteurs dont le nombre a été fixé à 30, et n'a jamais
varié (1).

Les curies ont, au contraire, été toujours distinctes
des tribus; car un certain nombre de citoyens, bien
que compris dans les tribus, ne savaient à quelle
curie ils appartenaient : on les nommait les sots
(*stulti*), un jour spécial leur était réservé pour la fête
des Fornacales (*feria stultorum*).

Stultaque pars populi, quæ sit sua curia nescit,
Sed facit extremâ sacra relata die.

Ovide, *Fast.*, 2, *v.* 511 *et s.*

Chaque curie avait un culte et des sacrifices
communs, avec des prêtres (*curiones*) qui, sous la surveillance d'un grand prêtre (*curio maximus*), étaient
chargés d'offrir les sacrifices aux dieux, dans des
temples spéciaux (*curiæ*). Les cérémonies consis-
taient en festins préparés sur l'autel; la divinité

______

(1) Mommsen, *Röm. Forsch.*, I, p. 141.—Marquardt, *St.*, V, III,
p. 191, n° 5. — Cic., *De lege agr.*, 2, 10-12.

était présente et recevait sa part d'aliments et de breuvages.

Ces repas religieux de la curie subsistèrent longtemps à Rome; s'ils ne se pratiquaient plus effectivement du temps d'Auguste, l'usage était de les remplacer par une distribution de pain aux indigents (1).

2° *De la tenue des comices.*

Les plus anciens comices du peuple romain sont ceux par curies; ils ont été, jusqu'à la réforme opérée par Servius Tullius, le seul mode d'assemblée populaire, et en particulier (car c'est le seul point qui doive nous occuper dans cette étude), c'est dans cette assemblée que les lois étaient votées.

Le rôle législatif de ces comices fut d'assez courte durée; la plus grande partie de leurs attributions passa à d'autres assemblées basées sur une division différente du peuple. Pourtant, les comices par curies continuent à être convoqués pour les adoptions, et sous la forme de *comitia calata*. En dehors de ces deux cas spéciaux, les curies ne sont plus réunies, que pour voter sur la *lex curiata de imperio*, qui confère l'*imperium* aux magistrats supérieurs, consuls, préteurs, proconsuls, etc. En réalité on ignore si, à une certaine époque, le peuple se réunissait encore, ou s'il n'était pas simplement représenté par trente licteurs.

-----

(1) Cic., *De orat.*, I, 7.—Ovide, *Fast.*, VI, 305.—Denys, II, 65.

Si les comices ont le droit de voter la loi, ils n'ont cependant jamais eu le pouvoir de la proposer. Jamais, dit Becker (1), le peuple n'a eu l'initiative soit pour donner un avis soit pour faire adopter un amendement. Toutes les propositions qu'il fait à l'assemblée se nomment *rogationes*, il n'y est répondu que par un *oui* ou un *non*.

Le roi et, après la chute de la royauté, les consuls ont seuls le droit d'appeler le peuple à se prononcer sur les propositions qu'ils lui soumettent, ce qui restreint d'une façon très notable l'étendue des pouvoirs des comices. Il est une autre limitation que nous ne faisons qu'indiquer ici : l'*auctoritas patrum*.

Nous reprendrons cette question un peu plus loin, à propos du rôle du Sénat dans la confection de la loi.

De quelle façon procède-t-on au vote dans les comices par curies? Niebuhr (2) conclut d'un passage de Lælius Felix que le vote se faisait par *gentes*; chaque *gens* eut eu une voix, et le vote que devait émettre chaque curie eut compris l'ensemble des suffrages des *gentes*. Mais, Huschke (3) interprète le texte d'une façon toute différente : selon lui le peuple se groupait d'après son origine. Le sens de ces mots : « Cum ex generibus hominum suffragium feratur, curiata comitia esse », devient très

---

(1) Becker, *Handb.*, II, 1, p. 376.

(2) Niebuhr, *R. G.*, I, 350. — Sic, Walter, *Rechtsgesch*, p. 25. — Göttling, *Staatsverf*, p. 153.

(3) Huschke, *Verf. des K. S. Tullius*, p. 29.

clair si on se reporte à la suite du texte : « Cum ex
« censu et ætate, centuriata; cum ex regionibus et
« locis, tributa. » Ils signifient que dans les comices
par centuries, la place de chacun pour le vote est
fixée par son âge et par le cens qu'il paie; dans les
comices par tribus, par son affectation à telle ou telle
tribu. Dès lors, il semble évident que les mots *ex generibus* signifient que dans les comices par curies,
les votants sont groupés d'après leur origine, selon
qu'ils appartiennent à une *gens* ou à une autre.
Mais on ne peut conclure de là que le vote se faisait
par *gentes*. Sans cela, d'après l'explication de Niebuhr, il faudrait dire que le cens et l'âge, les *regiones*
et les *loca* étaient pris comme base (*stimmorgane*)
dans le vote des centuries et des tribus; ce qui n'aurait aucun sens (1).

On peut ajouter qu'à défaut d'une solution précise
donnée par les textes, on peut s'en référer à Tite-
Live (2), qui fait allusion au mode de vote des curies
quand il dit, à propos de la loi *Publilia*, que les patriciens perdirent alors *potestas per clientium suffragia creandi, quos vellent tribunos*, et aussi à
Denys, qui déclare que dans les curies les votes sont
comptés par tête (3). Quoi qu'il en soit, il est certain
que les patriciens avaient la majorité dans les co-

---

(1) Becker, *Handb.*, II, 1, p. 373, note 727.
(2) Tite-Live, II, 56.
(3) Denys, II, 14; IV, 20.

mices. Ce résultat peut s'expliquer très aisément, même si on accorde aux clients le droit de voter par tête dans les curies, en remarquant que les rapports très intimes qui les unissaient à leur patron devaient leur faire une loi de voter comme lui.

Une question très importante se présente maintenant : les plébéiens étaient-ils compris dans les comices par curies ? Beaucoup d'auteurs admettent l'affirmative en se basant sur les considérations suivantes :

De très bonne heure, les plébéiens ont pu arriver aux fonctions sacerdotales : c'est ainsi que J. César, patricien, succéda comme pontife, à C. Aurélius Cotta, plébéien (1), et que le patricien E. Claudius Néron succéda, en la même qualité, au plébéien Metellus Pius Scipion (2). En 545, un plébéien est fait grand curion (3), et il est assez vraisemblable que les plébéiens ont, pendant longtemps, fait partie du collège sacerdotal, avant d'arriver à le présider.

Mommsen, dansses *Römische Forschungen*, a réuni les principales preuves à invoquer en faveur de l'admission des plébéiens dans les comices par curies : 1° On peut concevoir que les plébéiens aient participé aux fêtes religieuses des curies, sans pouvoir toutefois y voter ; mais comment expliquer qu'ils aient été élus aux fonctions sacerdotales ? Celui qui jouit du *jus ho-*

---

(1) Velleius, II, 43.

(2) Suétone, *Tib.*, 44.

(3) Tite-Live, XXVII, 8.

norum doit avoir le *jus suffragii*. En un mot, si les plébéiens ont pu être promus *curiones*, c'est qu'ils jouissaient dans la curie de tous les droits du citoyen.

2° Suivant les annalistes, les patriciens et les plébéiens, votaient côte à côte dans les comices par curies. Il nous suffit d'invoquer le témoignage de Cicéron (1), de Tite-Live, de Denys (2). Les explications qu'ils nous donnent ne peuvent laisser aucun doute. Il est probable que cet état de choses était très ancien, et qu'il remontait même à une date antérieure à l'organisation de Servius Tullius, car celle-ci n'a fait que modifier le mode de votation sans accorder de droits politiques à ceux qui n'en possédaient pas précédemment.

3° Si les curies avaient été patriciennes, les auteurs latins n'eussent pas manqué de mentionner la transformation qu'eût subie l'organisation des comices par curies, à la suite de la ruine de l'influence du patriciat. — Les sources sont muettes sur ce point.

4° La réunion des curies est connue sous le nom d'assemblée du peuple; or, cette dernière expression ne peut s'appliquer à une réunion exclusivement patricienne (3), car le mot *populus* est très large et

---

(1) Cic., *ap. Asc. ad Cor.*, 105.

(2) Denys, VI, 89; IX, 41.

(3) Mommsen démontre que Cicéron (*De domo*, 14, 38) emploie les mots *comitia populi* comme synonymes de *comitia curiata, centuriata*. Il en conclut que le *populus* qui vote dans les curies est le même que celui qui vote dans les centuries; par suite, les curies

comprend à la fois les patriciens et les plébéiens.

5° Cicéron (1) parle du double vote des citoyens, à l'effet de parfaire l'élection des magistrats : « Majores « de singulis magistratibus bis vos sententiam ferre « voluerunt, » dit-il, en s'adressant au peuple. Ces paroles seraient inexactes si les patriciens avait figuré seuls dans les comices par curies, chargés de voter l'*imperium* des magistrats.

6° A une certaine époque, les curies ont été remplacées par 30 licteurs ; il est évident qu'on a dû les choisir parmi les personnes ayant le droit de figurer dans ces assemblées ; or il est certain qu'ils étaient pris parmi les plébéiens.

7° Pour tester ou pour adroger il fallait avoir le droit de figurer dans les comices ; c'est pour cela que les impubères et les femmes ne pouvaient faire usage de ce droit.

Cependant, il est hors de doute que les plébéiens ont eu le droit de tester publiquement, et de figurer dans une adrogation, et c'était très logique, car on ne comprendrait pas que le testament civil eût été exclusivement réservé aux patriciens, alors que le testament militaire était à la portée de tous ceux,

---

comprennent les plébéiens. — De même les *sacra pro curiis* cités par Festus (v° *Pub. sac.* et *Curiæ*) ne sont autres que les *sacra publica*. On peut remarquer aussi que les *comitia calata*, qui sont la plupart du temps *curiata*, sont considérés comme des *conciones populi* (Aul. Gell. 15, 27).

(1) Cic., *De leg. agr.*, 11, 26.

tant plébéiens que patriciens, qui figuraient dans les centuries. Pour ce qui regarde les adrogations, nous trouvons des exemples célèbres qui ne peuvent nous laisser aucun doute sur la possibilité d'un tel fait : l'adrogation de Clodius par un plébéien (1).

On peut voir encore une autre preuve de la présence des plébéiens dans les curies, dans ce fait que la plèbe s'est réunie parfois en curies, en excluant les patriciens. Mommsen en conclut que les plébéiens connaissaient le chemin des curies, sans cela on ne comprendrait pas qu'ils eussent adopté cette forme de réunion.

Mais à quelle époque faut-il faire remonter l'entrée des plébéiens dans l'assemblée des comices par curies? Sur ce point le doute commence, les témoignages historiques ne nous permettent de rien préciser. Ils possédaient, dès 545, le droit d'être nommés à une dignité de la curie, (suivant toute vraisemblance il en était ainsi depuis longtemps déjà), et en 261 de Rome (493 av. J.-C.) ils pouvaient s'assembler en curies, au dire des chroniques romaines les plus dignes de foi ; c'est pourquoi Mommsen en conclut que la réunion des comices patricio-plébéiens est très ancienne. Mais, en l'absence de preuves absolument sûres, il hésite à attribuer à Romulus lui-même

(1) Marquardt soutient que Clodius a dû préalablement dépouiller sa qualité de patricien ; mais il ne nous semble pas que cette formalité ait dû être nécessaire, car l'adrogation n'avait pour but que d'établir la puissance paternelle au profit du plébéien Fonteius.

l'organisation de ces assemblées, ainsi que le veut la légende (1). On peut consulter dans le sens de l'opinion de Mommsen l'ouvrage de Broecker (*Untersuchungen*, p. 112-139) (2).

Les arguments présentés par Mommsen ne sont pas tous de même valeur; plusieurs ont été très vivement attaqués, et nous ne pouvons passer sous silence quelques-unes des objections présentées par Becker, Marquardt, Niebuhr, et Herzog (3).

L'argument tiré de la participation des plébéiens aux fêtes des curies n'est pas sans réplique. De ce que les plébéiens ont pris part aux fêtes religieuses à l'époque de la République, (et ce point ne peut faire doute), il ne s'ensuit pas qu'ils ont eu le droit de vote, ce sont là deux choses complètement différentes. La seule conclusion qu'on peut en tirer c'est que le culte était devenu commun à tout le peuple, sans distinction d'origine; mais il est très vraisemblable qu'il n'a pas dû en être ainsi dès le principe.

Est-il permis de penser que les différents peuples incorporés à l'État romain ont été sans difficulté répartis dans les tribus existantes? Becker (4) fait

---

(1) Clason (t. 1, p. 12) fait dater de la loi Ogulnia la transformation des comices patriciens en assemblées patricio-plébéiennes (300 ans av. J.-C.), mais cette assertion n'est appuyée d'aucune preuve.

(2) Voyez aussi Gerlach Bachoff, *Röm. Gesch.*, I.

(3) Herzog, *Philologus*, XXIV, 306-310.

(4) Becker, *Handb.*, II, 1, p. 300, note 611.

observer que cette supposition est inadmissible. Les peuples de différentes souches, dit-il, ont des *sacra* différents; par conséquent, ceux qui ont été annexés à Rome par Tullus Hostilius et Ancus Martius étant de race latine, n'ont pû trouver place dans les curies de Ramnenses.

De ce qu'un plébéien est arrivé à la dignité de *curio maximus*, on peut conclure seulement que la plèbe a fini par avoir accès à toutes les magistratures sacerdotales, comme à toutes les magistratures civiles de la République. De plus, le grand curion était nommé par les tribus et non par les curies (1); dès lors rien ne prouve qu'il ait été compris parmi les membres des curies (2).

L'adrogation opérée par un plébéien ne prouve pas, d'une façon absolument certaine, l'existence de *curies* patricio-plébéiennes. Des auteurs ne font nulle difficulté d'admettre que l'adrogation n'a été possible, pour les plébéiens, qu'après le remplacement des *curies* par 30 licteurs (3).

(1) Il est vrai que Denys (II, 22), en contradiction sur ce point avec les autres auteurs, attribue à Romulus la règle qui fait nommer les prêtres par les curies. Il se démentit lui-même plus loin (II, 73 et V, 1). Voyez sur ce point Rubino, *Untersuch.*, p. 341.

(2) Tite-Live, 27, 8. — Becker et Marquardt, *Handb.*, II, 3, p. 140 et 194, et II, 1, p. 300, note 611. — Mommsen, *Römisch. Forsch.*, p. 158, note 47.

(3) Nous ne saurions admettre, ainsi que l'ont proposé Niebuhr et Becker, que les comices par centuries ont été appelés à remplacer les comices par curies dans les adrogations de plébéiens. On a peine à admettre que ces derniers se soient vu refuser

A ces arguments on peut joindre encore d'autres preuves plus directes. Il semble bien, disent ces auteurs (1), que dans la période royale le droit de figurer dans les curies n'a pas dû être reconnu aux plébéiens. En effet, le *jus connubii* avec les praticiens, et les *jura honorum* et *sacrorum* ne leur furent concédés que sous la République ; donc, sans la royauté, ils n'auraient eu que le *jus suffragii*. Comment se fait-il alors qu'ils n'aient pas vaincu immédiatement le patriciat, puisqu'ils étaient en majorité dans les comices? Il est vrai qu'on a cherché à l'ex-

pendant si longtemps le bénéfice de l'adrogation, sans qu'une injustice aussi criante ait soulevé de leur part la moindre réclamation.

C'est cette considération qui a fait supposer à Niebuhr et à Becker que les centuries avaient pu être substituées aux curies dans les adrogations concernant les plébéiens.

« Comment douter, dit Niebuhr (*Röm. Gesch.*, I, 535), que les « plébéiens n'aient, dès l'origine, fait leur testament au Champ de « Mars, comme les patriciens le faisaient dans le *comitium*. On doit « penser que, de même que l'adrogation exigeait la présence des « curies, l'adoption des plébéiens avait lieu en présence des centuries. « La similitude de ces deux sortes d'actes permet de le présumer « avec beaucoup de vraisemblance. » Cette solution est très habilement amenée ; malheureusement elle nous paraît assez difficile à établir scientifiquement. C'est une ingénieuse hypothèse que nous ne pouvons utilement discuter, car elle ne se fonde pas sur des textes décisifs.

Marquardt adopte l'opinion de Niebuhr (*Handb.*, II, 3, p. 195). Il pense que l'adrogation de Clodius a été faite devant les comices par tribus (Cic., *Ad. Att.*, I, 18) ; le mode suivant lequel Galba adopta.Pison, à une époque où l'adrogation se faisait encore devant les curies, montre que c'était une règle dont on s'écartait parfois. Voyez aussi Walter, *G. d. R. R.*, II, 243 ; Tacite, *Hist.*, t. 14 et Suet. *Galb.*, 17.

(1) Becker, *Handb.*, II, 1, p. 300, note 611.

pliquer. Schömann, dans un ouvrage publié à l'Université de Greifswalde en 1831 et 1832, déclare que les patriciens n'en avaient pas moins toute autorité dans les comices : « In quibus patricii dominarentur (1), » dit-il (page 8).

Les plébéiens, malgré leur supériorité numérique, n'avaient aucune influence, « prævalebant patricii, « plebis exigua erat potestas » (p. 6). Pour l'expliquer Schömann se contente d'ajouter que, sans doute, un arrangement spécial permettait aux patriciens d'imposer leur volonté : « Potuit suffragii ferendi ea ratio « instituta esse, quæ omnem facultatem efficiendi « quidquid vellent, solis patriciis daret » (page 8). Becker (2) fait remarquer que cette explication est peu sérieuse; il voudrait que l'auteur lui expliquât comment on arrivait à compenser l'infériorité numérique des patriciens. Comment se fait-il, ajoute cet auteur, que les plébéiens, s'ils étaient admis dans les curies, aient éprouvé le besoin d'avoir une représentation qui leur fut spéciale, et qu'ils aient fondé les comices par tribus sur le modèle des comices par curies (3). Schömann (4) explique l'abandon des comices par curies par le mécontentement que causait aux

---

(1) Prog. v. J., 1831, p. 1 et suiv.

(2) *Handbuch.*, II, 1, p. 300, note 611.

(3) Mommsen relève les points de ressemblance entre les comices par curies et les comices par tribus. Voyez ses *Römische Forschungen* (I, p. 182 et suiv.).

(4) Prog. v. J., 1831, p. 8 et 1832, p. 1.

plébéiens leur peu de force et leur manque d'accord. Mais Becker objecte que ce sont là de pures hypothèses : selon lui, il est vraisemblable que si les plébéiens ont eu besoin de recourir aux comices par tribus, c'est sans doute parce qu'ils n'étaient pas représentés dans les comices par curies.

Ainsi donc, il paraîtrait résulter des derniers arguments que nous venons d'énoncer, que les plébéiens ne figuraient pas dans les curies à l'époque de la royauté. Mais en a-t-il été de mêms sous la République? Certains auteurs admettent les plébéiens dans les comices par curies, après la chûte de la royauté; mais cette opinion rencontre de nombreux adversaires. On fait remarquer, en effet, que les annalistes anciens ne nous parlent jamais d'une semblable transformation; on ne peut donc lui assigner une date. D'ailleurs, le fait même de ce changement est assez problématique, car il eut été provoqué par les plaintes de la plèbe, et, comment comprendre que ces justes réclamations n'aient eu aucun écho dans les ouvrages des auteurs anciens? Il nous semble que la distinction que l'on veut établir entre l'époque de la royauté et celle de la République manque de base, et qu'il est préférable d'admettre, ou que les patriciens ont toujours été admis dans les curies, ou qu'ils en ont toujours été exclus.

Nous venons d'énumérer quelques-uns des arguments présentés par les auteurs qui n'admettent pas les plébéiens dans les comices par curies ; nous sommes forcés de les reprendre en quelques mots, pour faire ressortir les objections qu'ils soulèvent, et indiquer finalement l'opinion à laquelle nous nous rallions.

Les remarques de Becker touchant la participation des plébéiens aux fêtes religieuses des curies, et la non-admissibilité des étrangers au culte des *sacra* sont très-fondées.

Il n'en est pas de même, suivant nous, de celle qui concerne l'adrogation. Il est difficile, en effet, d'admettre que la plèbe n'a pu jouir du bénéfice de cette institution avant le remplacement des curies par les 30 licteurs, et, d'autre part, le biais proposé par Becker et Niebuhr nous semble inadmissible.

A l'argument que les plébéiens auraient immédiatement triomphé des patriciens, s'ils avaient voté dans les comices, on peut répondre que le vote des curies n'aurait pu à lui seul amener ce résultat; car on sait qu'il était soumis à la *patrum auctoritas*. Il y avait donc, dans l'assemblée des *patres*, un contre-poids aux tendances révolutionnaires qui auraient pu se manifester dans les curies, par suite du vote de la plèbe.

Concluons donc que les plébéiens étaient admis dans les comices par curies; les auteurs anciens nous l'affirment positivement, et rien ne nous autorise à tenir leur témoignage pour suspect.

Malgré la présence des plébéiens dans les comices,

la division du peuple en curies est essentiellement aristocratique, car elle se fonde uniquement sur la naissance. Mais il arrive bientôt qu'à côté des patriciens s'élèvent des familles plébéiennes qui, par leur fortune, avaient une grande influence dans la cité, et que leur origine privait de toute action dans la gestion des affaires publiques.

Servius Tullius comprit qu'il y aurait de graves inconvénients à laisser toute l'influence politique aux mains d'un petit nombre de familles, alors que d'autres, plus riches, contribuaient d'une façon plus large aux dépenses de l'État. Il était équitable, en effet, de donner à celles-ci une situation en rapport avec leurs sacrifices.

A la division de race succéda désormais une autre classification basée uniquement sur la fortune.

Telle est l'origine de la division en centuries. Mais cette transformation n'est pas l'œuvre d'un jour ; elle ne supprime pas complètement le classement primitif par curies ; et, surtout dans les premiers temps, elle ne fait que se juxtaposer à celui-ci.

Pourtant, à la fin de la République, en tant que subdivision du peuple, elle a presque entièrement disparu. Si quelques familles anciennes en ont conservé le souvenir, et considèrent comme un honneur de faire partie de telle ou telle curie, la masse du peuple n'y attache plus la moindre importance (1).

______

(1) Ovide (Fastes, 527 à 531).

Aussi, Cicéron (1) faisant l'énumération des diverses sortes de comices que les censeurs ont le droit de convoquer, peut-il passer sous silence les comices par curies. Ils ont, en effet, complètement disparu, à moins qu'on ne désigne encore sous ce nom la réunion des trente licteurs qui figurent dans les adrogations.

A quelle époque cette dernière transformation s'est-elle accomplie ? les auteurs sont muets à cet égard. Il est vraisemblable que les curies ont cessé de se réunir après qu'elles eurent perdu toute influence, c'est-à-dire au cours du Ve siècle, à la suite de la promulgation des lois Publilia et Mænia (2).

II. — COMICES PAR CENTURIES ET TRIBUS.

1° *Division de Servius Tullius.*

Tribus. — Servius Tullius divisa Rome et les terres

---

(1) Cic., *De legib.*, III, 3,

(2) Marquardt (*Handb.*, II, 3, p. 189) dit que la transformation existait déjà du temps de Cicéron, et il n'hésite pas à lui assigner une date antérieure : l'époque de la deuxième guerre punique. Il s'appuie, pour l'établir, sur un texte de Festus, qu'il interprète d'après la restitution de Müller (p. 351) et de Rubino (I. S., 381, note 2), reproduite dans Becker à la note 69. Nous ne pouvons entrer ici dans le détail de la discussion des textes ; il nous suffit de renvoyer au passage précité, et à Mommsen qui, dans ses *Römische Forschungen*, (II, p. 408), combat la restitution du texte de Festus, telle que la proposent Rubino et Becker. Voyez aussi de Mommsen, *das Römisches Staatsrecht*, (I, p. 54, dans le *Handbuch* de Marquardt et Mommsen).

environnantes en districts (*regiones*) (1). La ville en comprit 4 ; le territoire voisin un nombre que l'on ne connaît pas exactement : de 26 à 31 dit Denys d'Halicarnasse. Ce qui est certain c'est que ce dernier chiffre ne fut pas dépassé (2).

A partir de ce moment on classe dans les tribus anciennes les nouveaux peuples dont les territoires sont incorporés à l'État (3).

Pour répartir les citoyens dans les tribus, Servius Tullius imagine le cens. Un *curator tribus* est

---

(1) Chaque tribu comprit un certain nombre de quartiers (*vici*); il y en eut 27 pour toute la ville. La campagne forma en tout 26 cantons (*pagi*).

(2) Consultez sur ce point Huschke, *Verfassung des K. S. Tullius*, p. 73, 95. — Mommsen, *die Römischen Tribus*, p. 6. — Belot, *Chev. rom.*, I, 41.

(3) La tribu comprend tous les citoyens, les patriciens aussi bien que les plébéiens; ce point a cependant été contesté, et en particulier par Niebuhr (*Römisch. Gesch.*, I, p, 439 et suiv., II, p. 240 et suiv., p. 355 et suiv.). Cet auteur admet que « dans l'origine les tribus ne comptaient que des plébéiens; ce serait seulement plus tard que les patriciens y auraient été incorporés avec leurs clients. » Nous nous rangeons à l'opinion contraire, et nous estimons que les patriciens ont, dès l'origine, fait partie des tribus. Leurs noms sont, en effet, empruntés presque tous (19 sur 21) à des *gentes* patriciennes, — et dans les inscriptions qui nous sont parvenues, le nom des patriciens est toujours suivi de l'indication de la tribu. Ces arguments nous semblent probants. Du reste, les textes ne font nulle part allusion à l'exclusion des patriciens.

Pour plus de détails consulter Becker, *Handbuch.* II, 1, p. 175, qui discute l'opinion de Niebuhr. — Voyez aussi Mommsen, *Römisch. Forsch.*, I, p. 153 et 154, et les sources citées par Becker (*loc. cit.*) note 398.

chargé de dresser le cadastre : tout citoyen doit lui apporter un état exact et certifié par serment, indiquant ses biens, le nom de sa femme, le nombre et l'âge de ses enfants, de ses esclaves, de ses affranchis et son domicile, le tout, sous peine d'encourir les châtiments les plus sévères (1). De plus, pour savoir exactement le nombre et l'âge des habitants, on les astreint à venir, à certains jours fixés, déposer dans un temple une pièce d'argent, différente suivant l'âge et le sexe. Les populations des campagnes doivent apporter, lors de la fête des Paganales, leur obole dans le temple de la divinité tutélaire de la tribu. Le temple de Junon Lucine reçoit une offrande analogue, à la naissance de chaque enfant ; le temple de Vénus Libitine, à la mort de chaque citoyen. Enfin, les jeunes gens prenant la robe virile apportent une pièce de monnaie dans le temple de la Jeunesse.

La division en tribus est, à l'origine, purement territoriale ; il est probable que les citoyens possédant des terres dans plusieurs districts ont été inscrits au lieu où se trouvaient leurs biens les plus considérables.

Après avoir été classés dans une tribu, ils ne peuvent en changer qu'avec l'assentiment du censeur. Il en était ainsi au dernier siècle de la République, et il est vraisemblable qu'il en a été de même dès l'origine ; ce qui tend à le prouver, c'est que

---

(1) Cicéron, *pr. Cæcina*, 34.

nous voyons des haines, des rancunes persister entre des tribus. Cette animosité ne peut se comprendre que si ce sont les mêmes familles qui se sont perpétuées dans chacune d'elles (1).

Nous avons des exemples de familles qui, parvenues à une haute position de fortune, demandaient leur transfert dans une des tribus rustiques. Celles-ci étaient en effet les plus considérées : elles comprenaient tous les grands propriétaires terriens ; tandis que les tribus urbaines étaient composées seulement d'individus vivant à Rome, d'une industrie ou d'un travail manuel journalier.

Nous avons admis que, dans la division de S. Tullius, la position topographique sert de base à l'affectation dans une tribu ou dans une autre. Mommsen (2) y voit de plus une circonscription purement territoriale, en ce sens que seuls les immeubles en auraient fait partie de sorte que le citoyen, en changeant d'immeuble, passerait dans une autre tribu, c'est-à-dire, que cette division serait réelle et non personnelle.

Cette manière d'envisager les tribus ne nous semble pas d'accord avec les textes ; les auteurs ne parlent jamais des immeubles composant les tribus, abstraction faite de la personne de leurs propriétaires. Il serait d'ailleurs singulier qu'une division si impor-

---

(1) Tite-Live, VIII, 37. — Autre exemple : Cic., *Pro Planc.*, 8, 9.

(2) Mommsen, *Römischen tribus*, p. 2; *Römische Forschungen*, I, p. 154 et suiv.

tante dépendît de toutes les éventualités des ventes et des échanges; d'autant que, dans ce système, la possession simultanée de deux fonds devait aboutir pour un citoyen, à un double droit de vote.

Mommsen est bien forcé de reconnaître que l'organisation qu'il nous présente, n'a pas tardé à subir des modifications, et que la tribu, de réelle qu'elle était, s'est transformée en une division personnelle (1). Il est, en effet, conduit à avouer que sa théorie n'a pu recevoir son application, à l'égard des peuples italiens qui obtinrent par la suite le droit de cité. Aussi admet-il que, pour ces citoyens, la tribu a été une division purement personnelle et héréditaire. Mommsen n'explique pas du tout comment s'est opérée cette transformation, il se contente de faire remarquer que les sources ne donnent aucun renseignement « *daruber lehren unsere Quellen nichts* ».

Cette première concession le force à en faire une seconde : il est, en effet, impossible d'admettre que la division en tribus est personnelle pour les uns et réelle pour les autres. Aussi, Mommsen suppose-t-il, qu'une loi *restée inconnue* a transformé ensuite la tribu en division personnelle et héréditaire pour les anciens citoyens de Rome, comme pour les nouveaux (2).

---

(1) Mommsen, *Römisch. Forsch.*, I, p. 152, *in fine*, et 153.

(2) Consultez Mommsen, *Römisch. trib.*, p. 2; *Röm. Forsch.*, I, p. 151 et suiv.; *Röm. Staatsr.*, II, 371. — *Sic*, Lange, § 62; Niebuhr, *R. G.*, I, 439, et II, 360; Becker, *Handb.*, II, 1, p. 172.

Cette théorie a soulevé bien des objections : on lui a reproché de s'appuyer sur des hypothèses et non sur des textes précis. L'idée qu'une loi, restée inconnue jusqu'à présent, a modifié l'organisation des tribus, n'est en somme, dans l'état actuel de la science, qu'une pure conjecture. Un seul texte, peut être invoqué en faveur de l'opinion de Mommsen, mais on l'interpréte de deux façons (1).

Il nous semble donc préférable d'admettre que, de tout temps, la tribu a été une division personnelle et héréditaire. C'est ainsi que nous la voyons organisée à la fin de la République, nous n'avons pas de raisons sérieuses de croire qu'il en ait été différemment à l'origine de cette institution.

Quoi qu'il en soit, la tribu forme un ensemble dont les membres (*tribules*) ont des intérêts communs; ils sont inscrits sur les registres du cens les uns à la suite des autres (*viritim*), sans indication de classe ou de fortune.

Tite-Live (2) nous dit qu'en 184 les censeurs voulurent classer les *tribules* d'après leur fortune, mais que cette tentative échoua.

Cette affectation spéciale à une tribu (3) est très utile

(1) Cic., *Pro Flacco*, 32, 80.

(2) Tite-Live, XL, 51.

(3) Nous n'avons aucun renseignement sur la façon dont les différentes régions de l'Italie furent réparties dans les tribus.

Du temps de l'empire, les citoyens des colonies furent affectés uniformément à certaines tribus.

sous la République, parce qu'elle donne le droit de voter. Pour les habitants des provinces elle a peu d'importance, parce qu'ils ont rarement l'occasion d'exercer leurs droits dans les comices. Cependant il est vraisemblable que les citoyens ont toujours pris soin de se faire inscrire sur les registres des censeurs, car c'était le seul moyen d'établir leur qualité de citoyen.

Les registres sont d'ailleurs tenus assez régulièrement jusqu'à Caracalla ; mais il est douteux que tous les habitants de l'Empire à qui ce prince accorda le droit de cité, aient demandé leur inscription dans une tribu.

En regard de ces divisions rurales, dont la trace tend chaque jour à s'effacer, il faut placer les quatre tribus urbaines, pour lesquelles les anciennes formalités se conservent toujours. Il est vrai qu'un puissant intérêt pousse les *tribules* à ne pas les laisser tomber en désuétude, car les listes de ces tribus servent de base dans les distributions et répartitions d'argent[1] ou de blé faites à la populace. Ces divisions forment même une sorte de corporation fermée, dans laquelle

---

(1) Plaute, dans l'*Aulularia*, nous montre l'avare Euclion quittant un instant son trésor pour aller à une distribution :

EUCLIO.

Discrucior animi, quia ab domo abeundum' st mihi.
Nimis, hercle, invitus abeo : sed quid agam, scio.
Nam noster nostræ qui est magister curiæ
Dividere argenti dixit numos in viros.   (acte 1, sc. 2).

Voyez aussi acte 2, scène 2.

on se fait recevoir moyennant finance (*tribum emere*); elles continuent d'exister jusque sous l'empire, et, à cette époque, elles sont encore subdivisées en *seniores* et *juniores*, comme dans la division de Servius Tullius.

Classes et centuries. — Après avoir, au moyen du cens, obtenu des renseignements précis sur la fortune de chaque citoyen, Servius Tullius établit une division en 5 classes.

Le taux minimum du cens pour chacune est fixé arbitrairement à 100.000 as pour la première, 75.000 pour la seconde, 50.000 pour la troisième, 25.000 pour la quatrième et 11.000 pour la cinquième. Ces chiffres ne sont que relatifs, car nous ignorons quelle était la valeur attribuée à l'as (1).

Chacune des classes se divise elle-même en centuries; celles-ci sont au nombre de 80 pour la première classe, 20 pour les trois suivantes et 30 pour la cinquième; ce qui fait au total 170 centuries. Il convient d'ajouter à ce nombre 6 centuries équestres, créées par Tarquin l'Ancien (2), auxquelles se sont adjointes 12 centuries plébéiennes. Toutes ces centuries de chevaliers votent avec la première classe, en sorte

---

(1) Consultez sur ce point, Lenormant, *Dict. antiq., gr. et rom.*, v° *As*; Bœckh, *Métrolog. Unters.*, p. 427; Belot, *Cheval. rom.*, I, 250; Willems, *Dr. publ.*, p. 54.

(2) On les considère généralement comme exclusivement patriciennes. Cependant voyez, *contrà*, Mommsen, *Röm. Forsch.*, I, p. 135-140.

que le nombre des centuries de cette classe est de 98.
Aux 188 centuries, déjà énumérées, il faut ajouter
encore 2 centuries d'ouvriers charpentiers et armu-
riers, et deux de musiciens (*cornices et tubicines*) (1).

Les citoyens qui, en raison de la modicité de leur
avoir, ne peuvent trouver place dans l'une des 5 classes
sont tous compris dans une même centurie, et désignés sous le nom de *proletarii*. Ces derniers peuvent cependant se grouper en trois catégories :

1° Les *accensi* ou *velati* ayant plus de 1.500 as :
(Tite-Live les classe dans une centurie spéciale) (2);

2° Les *proletarii* ayant plus de 375 as ;

3° Les *capite censi* qui n'ont absolument rien (3).

La première catégorie est astreinte au service militaire, mais sans en supporter les charges matérielles; la seconde n'est appelée sous les armes, qu'en

---

(1) Mommsen, *Röm. Forsch.*, p. 135, n. 3; *Röm. Trib.*, p. 63;
Becker, *Handb.*, II, 1, p. 203 et la note 63.

(2) Niebuhr (*Röm. Ges.*, I, 469) place tous ceux qui ont un cens
inférieur à celui de la dernière classe, mais supérieur pourtant à
1.500 as, parmi les *assidui*. Becker (*Handbuch*, II, 1, p. 212, note
436) repousse cette opinion. Suivant lui, sous le nom de *proletarii*,
on doit entendre tous ceux qui ne sont pas compris dans la 5e classe
mais ont néanmoins une fortune supérieure à celle des *capite censi*.
Voyez Huschke, *Verf. d. K. S. Tull.*, p. 170 et suiv.

(3) Quant aux *capite censi*, ils forment le dernier échelon de
l'échelle sociale; ce sont les citoyens les moins considérés.

Suivant A. Gelle (XVI, 10, 12) ils sont d'un rang inférieur à celui
des *proletarii* et leur fortune est inférieure à 375 as.

Consultez sur ce point Becker, *Handb.*, II, 1, p. 213 et
note 437.

cas de *tumultus*; la troisième est déchargée complètement de tout service militaire (1).

Chacune des classes est divisée en un nombre égal de centuries de *juniores* et de *seniores*. Les premiers sont chargés du service militaire actif, les seconds de la garde de la ville.

Ces quelques détails indiquent d'une façon très nette le but poursuivi par Servius Tullius : abaisser la populace, accorder une prépondérance marquée à la richesse. Ce qui montre l'habileté de ce roi, c'est qu'il sut présenter cette réforme de telle sorte que tout le peuple en fut satisfait : les classes pauvres, à cause de l'influence qu'elles paraissaient acquérir; les riches à cause de la prépondérance que la constitution leur accordait. En effet, la première classe comprend plus de centuries que les autres, et comme le vote se fait par centurie, chacune d'elles n'ayant jamais qu'une voix, quelle que soit la classe à laquelle elle appartient et le nombre des membres qui la composent, les centuries de la première classe, si elles sont d'accord, imposent leur volonté au reste du peuple. En réalité les dernières classes ont bien rarement l'occasion d'exercer leurs droits (2).

Le vote commence par les centuries des premières classes, et se continue jusqu'à ce que la majorité soit

---

(1) Ce fut Marius qui, le premier, les enrôla. Voyez Becker, *Handb.*, II, 1, p. 217.

(2) Voyez le développement de cette remarque dans le *Handbuch* de Becker et Marquardt, II, 3, p. 2, 3, 4 et 5.

atteinte. La première classe suffit, le plus souvent, pour faire adopter ou rejeter la loi proposée. C'est tout au plus si les premières centuries de la deuxième classe votent quelquefois.

Cicéron dit que Servius Tullius fit en sorte, « ut « suffragia non in multitudinis, sed in locupletium « potestate essent (1). » Tite-Live loue beaucoup cet ordre de choses, qui aboutit à contenter tout le monde : les riches parce que leur influence sur la direction des affaires est décisive; les pauvres parce qu'ils ont la satisfaction de faire partie des comices, et peuvent être appelés à voter.

Les citoyens qui n'ont pas de patrimoine sont, avons-nous dit, placés en dehors des cinq classes; ils ne sont comptés pour rien dans l'État. Toutefois, il en est différemment des fils de famille qui, bien que ne possédant rien en propre, figurent cependant dans les classes, en raison du patrimoine de leur père. Cette solution n'est indiquée formellement dans aucun auteur, mais elle s'impose. On ne peut supposer, en effet, que la partie la plus virile de la population ait été exclue des comices, et par suite de l'armée; car nous verrons un peu plus loin que les comices sont la base de l'organisation militaire.

Quant aux orphelins (*orbi, orbæque*) ils figurent sur les registres du cens, à cause de l'impôt; mais ils ne paraissent pas dans les comices. Il en est de même

______

(1) Cic., *De Repub.*, II, 22.

des veuves (*viduæ*) qui supportent une charge spé-ciale, l'*æs hordearium*, destinée à entretenir la cavalerie.

Le classement des citoyens dans les curies sert de base, à la fois, à l'organisation des comices et à celle de l'armée. C'est ainsi que la première classe compte, à côté des 18 centuries de chevaliers, 40 de *juniores* destinées au service actif, et 40 de *seniores* préposées à la garde de la cité.

Ce qui nous semble établir, d'une façon très-nette, que la base de l'organisation militaire est la même que celle de l'organisation politique, c'est d'abord le sens même du mot *classis* qui, dans la langue pri-mitive, signifiait *corps de troupes* (1), et du mot *centuria* qui désignait une compagnie militaire.

Il y a d'autres preuves à invoquer que ces expli-cations étymologiques. Nous savons que les co-mices par curies s'assemblent au Forum; mais, comme il était interdit par la loi de pénétrer dans Rome en armes, les comices par centuries se réu-nissent hors de la ville (*extra pomœrium*) au Champ de Mars, lieu réservé aux exercices militaires. Ceci nous paraît démontrer bien nettement l'identité des comices avec l'armée nationale.

Cette opinion a été combattue : on a prétendu que la liste des soldats est identique à celle des centuries, en ce sens seulement que chaque centurie doit four-

---

(1) Becker, *Handbuch*, II, 1, p. 198 et note 421.

nir 100 combattants, on invoque l'expression même qui désigne le recrutement de l'armée (*legere, legio*) qui paraît indiquer que l'on faisait un choix dans les centuries.

« D'ailleurs, qu'on réfléchisse, dit M. Belot (1), à ce « qu'eût été une armée rangée comme l'étaient les « centuries du Champ de Mars. — Dans chaque rang « on eût trouvé des légionnaires grands et petits, « jeunes et vieux, faibles et forts mêlés ensemble, « uniquement parce qu'ils avaient la même fortune… « Cela ne correspond aucunement à la description de « la légion telle que Tite-Live la donne. »

On est forcé de reconnaître, dans l'opinion de M. Belot, qu'un tel système est singulièrement lourd pour les premières classes qui, malgré leur infériorité numérique, sont tenues de fournir le même nombre de combattants que les centuries les plus nombreuses ; mais on l'explique par l'esprit même de la constitution de Servius Tullius, qui est de n'accorder aux riches une grande influence qu'en raison même des charges qu'ils sont tenus de supporter.

2° *Nouvelle organisation des classes et des centuries.*

La constitution de Servius Tullius subit avec le temps de profondes modifications. Denys nous ap-

---

(1) Belot, *Histoire des Chevaliers romains.*

prend (1) qu'une réforme importante s'opéra dans le sens démocratique; mais nous ne savons pas au juste quelle en fut la portée. Le doute vient de l'interprétation à donner à ces quelques lignes de Tite-Live : « Nec « mirari oportet, hunc ordinem qui nunc est, post ex- « pletos quinque et trigenta tribus, duplicato eorum « numero, centuriis juniorum seniorumque ad institu- « tam ab Servio Tullio summam non convenire... » Il ne faut pas s'étonner que l'ordre qui existe maintenant, après la création complète de 35 tribus, en augmentant successivement leur nombre, et par conséquent celui des centuries des *juniores* et des *seniores*, ne s'accorde pas avec le chiffre fixé par Servius Tullius.

Ainsi, la différence capitale que signale Tite-Live, c'est que les centuries sont en nombre double des tribus; ces deux classifications dépendent maintenant l'une de l'autre : dans le principe il n'y avait aucune corrélation entre elles.

Ce passage de l'historien latin n'est pas isolé, il est corroboré par le témoignage de Cicéron (2). Des auteurs modernes essayent d'expliquer cette transformation du système de Servius Tullius en disant que les 35 tribus ont été divisées chacune en deux centuries, l'une de *juniores*, l'autre de *seniores* (3).

---

(1) Denys, IV, 21.

(2) Cicéron nomme la centurie *prærogativa* « *unius tribus pars* », *Pr. Planc.* 20.—Voyez aussi Cic., *Pro Flacco*, 7, et *De legibus*, III, 3.

(3) V. *Tribus succusana juniorum* (Orelli, inscript. n. 740). — *Tribus esquilina seniorum* (Or. n. 3093), etc.

On arrive ainsi au chiffre de 70 centuries, auxquelles il faut adjoindre les 18 de chevaliers, qui n'avaient certainement pas été supprimées (1). Cette manière de voir peut s'autoriser principalement du texte précité de Tite-Live. Elle a cependant le grand inconvénient de ne pas tenir un compte suffisant d'un élément important : la fortune.

Un autre système qui nous paraît préférable s'appuie sur la division en classes, ces dernières coexistent à côté de la nouvelle division en tribus. Cicéron nous dit en effet (2) que, dans les comices par centuries, le peuple est classé d'après le cens, *per œtates et ordines*. Voici alors la solution qui nous semble préférable : dans chaque tribu on fait une première division en 5 classes, puis chacune se partage elle-même en deux groupes, l'un de *juniores*, l'autre de *seniores*. Il y a donc 10 centuries par tribu ; les 35 tribus comprennent par suite 350 centuries, auxquelles il faut ajouter celles des *equites*, au nombre de 18. Le total est par conséquent de 368 centuries. Cette explication a l'avantage de ne pas faire abstraction des classes ; elle s'appuie du reste sur des textes qui établissent une corrélation très étroite entre les tribus et les centuries (3).

---

(1) Mommsen, *Römisch. trib.*, p. 77 et suiv.

(2) Cic. *Phil.*, II, 33, v° *lex Agraria* dans *Corp. Inscr. lat.*, I, 200, ligne 37.

(3) Cic. *Pro Planc.*, 20, et *De leg.*, III, 3 ; Tite-Live, V, 18, VI, 21. Voyez Marquardt, *Handb.*, II, 3, p. 24, note 71, qui indique les différentes opinions des auteurs et renvoie aux sources.

Mais à quelle époque cette transformation s'est-elle produite? Nous sommes réduits sur ce point à des conjectures.

On a soutenu que l'on peut la rapporter à l'époque de la censure d'Aurélius Cotta et Fabius Buteo (241 avant J.-C.), ce qui explique que les fragments que nous possédons de Tite-Live, n'en fassent pas mention; on sait, en effet, que la 2ᵉ décade de son ouvrage, comprenant le récit des événements de 293 à 218 av. J.-C., est perdue (1-2).

Il est vraisemblable que la transformation s'est opérée à la suite d'une loi; mais nous n'en connaissons pas la date. Cicéron (3) met en scène Scipion l'Africain et lui fait expliquer le mécanisme du système de Servius Tullius; il est donc probable que la transformation s'est opérée avant l'époque où vivait Scipion, car sans cela, on ne comprendrait pas qu'il expliquât une constitution qu'on mettait journellement en pratique (4).

---

(1) Telle est l'opinion des principaux romanistes : Mommsen, *Röm. trib.* ; Marquardt, *Handb.*, II, 3, p. 8 et 30. *Contrà*, Peter, Niebuhr, Puchta.

(2) Suivant M. Seligman (*Transf. des comices par centuries, Rev. crit.*, 9ᵉ année, 1856, p. 244 et 250) il faudrait placer à une époque antérieure la date de la transformation des centuries. D'après cet auteur, ce serait la loi des Douze Tables qui aurait effectué cette modification, dans un chapitre qui ne nous serait pas parvenu. Mais c'est là une hypothèse gratuite.

Consultez dans le même sens Niebuhr et Walter.

(3) Cic., *De Rep.*, II, 22.

(4) Tite-Live déclare que la réforme est antérieure à la seconde guerre punique.

L'importance de cette réforme est très considérable. Dans l'organisation de Servius Tullius la prépondérance appartenait incontestablement aux citoyens de la première classe, car ils formaient à eux seuls la majorité dans les comices. Le nouveau classement, sans abandonner toutefois le pouvoir aux citoyens des dernières classes, a pour but de faire participer un plus grand nombre de citoyens au gouvernement effectif. Il suffit, pour le démontrer, de rappeler la composition des nouveaux comices centuriates : chacune des 35 tribus comprend 10 centuries (dont 5 de *juniores* et 5 de *senories*); on a donc 350 centuries auxquelles il faut adjoindre 18 centuries de chevaliers, et 4 de *fabrum, ærarium*, etc., ce qui fait au total 372 centuries. La majorité était de 187, on voit que les patriciens de la 1re classe ne peuvent plus faire la loi, puisqu'ils n'ont plus que 88 suffrages. Il faut, pour arriver à former la majorité, qu'à la seconde classe vienne encore s'adjoindre une partie de la troisième.

C'est, en réalité, cette classe intermédiaire, comprenant les fortunes moyennes, qui décide de l'adoption ou du rejet de la la loi, dans l'assemblée des comices.

On voit donc que la réforme de l'organisation de Servius Tullius avait un but essentiellement démocratique (1).

____

(1) Une modification importante résultant de la transformation des centuries; le choix de la *centuria prærogativa*, sera indiquée plus loin, quand nous parlerons du vote dans les comices.

3° *Comices par centuries.*

L'assemblée populaire des comices, dont la base est la division du peuple en centuries, fonctionne dès le règne de Servius Tullius qui l'avait fondée; mais un point fort douteux est de savoir si, à cette époque, elle vote les lois.

Suivant une opinion assez répandue, les comices par curies ont continué à voter les lois, tout comme auparavant; les centuries auraient été seulement appelées à élire les magistrats. Cicéron affirme (1), en effet, que la première loi centuriate fut votée sous le Consulat et sur la proposition de Valerius Publicóla.

Des auteurs modernes déclarent même que si les centuries n'ont pas eu à se prononcer sur l'adoption ou le rejet des lois avant la République, cela tient à ce qu'elles n'existaient pas encore. Ils soutiennent que la constitution des centuries n'eût pas, sous Servius Tullius, l'importance que nous sommes tentés de lui attribuer aujourd'hui : les comices par centuries ne seraient devenus une assemblée politique que dans les premières années qui suivirent la chute de la royauté. C'est dans le but de faire admettre plus facilement, par les plébéiens, une constitution qui leur était en somme fort peu avantageuse, que les patriciens l'auraient placée sous le patronage

______

(1) Cicéron, *De Rep.*, II, 31.

d'un roi populaire. Voici l'argument présenté à l'appui de cette opinion. D'après Cicéron, avant la République, toutes les lois sont votées par les curies ; comment admettre alors que les centuries existent à à la même époque ? Ne serait-il pas singulier qu'après avoir imaginé cette sorte d'assemblée on fut resté si longtemps sans en faire usage ?

On peut répondre que si nous ne pouvons citer de lois votées dans cette période par les comices curiates, nous ne sommes pas autorisés pour cela à penser qu'en réalité il n'en a été fait aucune. Cicéron affirme il est vrai, que la première loi centuriate date de la République ; mais son témoignage est démenti par Denys (1), qui déclare que Servius Tullius substitua, dans les comices, les centuries aux curies.

Quoi qu'il en soit, les comices par centuries deviennent, dès les premiers temps de la République, l'assemblée normale du peuple romain, celle qu'il nommait *comitiatus maximus*.

Si l'on excepte les lois réservées aux *comitia curiata*, et elles ne sont qu'en petit nombre, toutes ont été soumises à l'assemblée centuriate, jusqu'à l'époque où les tribus commencent à devenir une assemblée politique.

Les lois ne peuvent être votées que sur l'initiative des magistrats en fonctions. Ceux qui ont le *jus agendi cum populo* sont les deux consuls (2), le dic-

---

(1) Denys, IV, 20.

(2) Sous la royauté, l'*interrex* jouissait du même droit.

lateur et les préteurs (1), mais ces derniers usent rarement de ce droit, si ce n'est cependant le préteur urbain (2-3).

La décision du peuple, sur la proposition que lui fait un magistrat, ne suffit pas pour faire la loi ; il faut de plus que l'*auctoritas* des *Patres* intervienne. Nous verrons plus loin, en parlant du Sénat, à qui doit s'appliquer la désignation de *Patres*, et en quoi consiste le droit de contrôle qui leur est attribué.

4° Comices par tribus.

L'institution des comices par tribus (4) se lie étroitement à l'organisation du tribunat de la plèbe ; voici dans quelles circonstances fut fondée cette magistrature.

Sous le consulat de Virginius et de Vetusius, les plébéiens poussés à bout par l'orgueil des grands et l'avarice des patrons, se retirent au-delà de l'Anio,

---

(1) Voyez sur ce point Marquardt, *Handb.*, II, 3, p. 52 et 53.

(2) C'est ainsi que le préteur Aurélius Cotta, en l'an 70, fit voter sa *lex judiciaria*. Voyez aussi Tite-Live, XXVII, 23, et Cic., *Pro Balbo*, 24.

(3) Ce droit de convocation fut reconnu aux décemvirs et aussi aux *tribuni militum consulari potestate*. Marquardt, *Handb.*, II, 3, p. 54.

(4) Nous trouvons dans les lois gravées sur les tables retrouvées à Malaga, des renseignements sur une organisation en curies, qui n'est autre que l'organisation romaine en tribus (*Lex Malacitana*, ch. 51 à 60). Consultez Giraud, *Tables de Malaga*.

sur une colline qui fut depuis appelée Mont-Sacré, du nom de la *loi* qui mit fin à la retraite.

Si l'authenticité de ces événements est douteuse au point de vue historique, un fait cependant est certain, c'est la création de cinq magistrats nouveaux, les tribuns, chargés de prendre les intérêts de la plèbe auprès du Sénat et des consuls.

Il arrive bientôt que, devenus les chefs de l'opposition contre les patriciens, les tribuns s'arrogent le droit de convoquer la plèbe à des réunions; mais celles-ci ne sont pas des comices, car elles ne comprennent pas tout le peuple. Il en résulte que les plébéiens n'ont aucun moyen d'amener une réforme législative, et les vœux qu'ils peuvent former sont purement platoniques. Cependant les tribuns prennent bientôt l'habitude, quand ils réunissent les plébéiens par tribus, de les faire voter au suffrage individuel (*viritim*), sans distinction de classe et de cens. « Populus fuse in tribus convocatus (1)... »

Cette réunion plébéienne des tribus se nomme le *concilium plebis*; elle ne comprend à l'origine que des citoyens. Plus tard, ces assemblées deviennent des *comitia tributa*, (2) dans lesquelles les patriciens finissent par prendre place; mais ce résultat n'est pas atteint (3) sans luttes. Longtemps les patriciens

______

(1) Cic., *De legib.*, III, 19.

(2) Mommsen, dans ses *Römische Forschungen* (I, p. 182 et suiv.), relève les analogies entre les comices par curies et celles par tribus.

(3) Cic., *Pro domo*, 14; Tite-Live, VI, 41.

ont refusé de reconnaître l'autorité des plébiscites, parce que la plèbe seule avait été appelée à les voter, sans qu'on eût consulté le Sénat et pris les auspices.

En effet, les comices par tribus ne comprenant alors qu'une partie du peuple romain, ils n'ont pas encore le pouvoir de faire des lois générales, mais seulement de voter des plébiscites (*scita plebis*) qui lient bien la plèbe puisqu'elle les a librement votés, mais qui, s'ils touchent aux intérêts généraux de l'État, n'ont d'autre valeur que celle d'un vœu exprimé par la populace (1).

Pourtant, il est certain que les plébiscites finirent par avoir force de loi pour tous les citoyens, dans les trois derniers siècles avant J.-C.

Il est bien difficile de déterminer le moment précis auquel s'est opérée cette transformation. Nous ne trouvons dans les auteurs classiques que quelques renseignements épars : Tite-Live nous apprend (2) que, dès 484, les tribuns reprennent la loi agraire du consul Cassius, et finissent par la faire passer. Il est évident que le vote de la plèbe ne suffit pas, pour faire une loi d'Etat de ce qui n'était qu'un projet voté par la populace, et qu'un pouvoir supérieur dût intervenir pour rendre cette loi valable pour tout le peuple.

---

(1) Cic., *Pr. Flacco*, 7 : « Quæ scisceret plebes aut quæ populus « juberet », oppose *sciscere* à *jubere*. — *Ad Att.*, IV, 2.

(2) Tite-Live, II, 42, 43.

Il ne fut en rien dérogé à ce principe par la loi Publilia, qui transférait des comices par curies aux comices par tribus le droit de nommer les tribuns. Elle fut votée par la plèbe et ensuite adoptée par les comices par curies, au dire de Denys. Cet auteur (1) déclare qu'elle permettait aux tribus de traiter dans leurs comices les affaires concernant la plèbe; mais cette loi ne rendait, en aucune façon, ces décisions obligatoires pour d'autres que ceux qui les avaient votées.

Pourtant, peu de temps après, nous voyons des décisions des comices par tribus devenir de véritables lois applicables aux patriciens. Telle est la loi *Icilia de Aventino publicando* (2), et aussi la loi *Terentilia* (3) qui ordonne de rédiger les lois par écrit et, dans ce but, nomme « quinque viri legibus scribendis (4). »

Le Sénat intervenait-il pour parfaire la loi? Denys l'affirme (5) quant au vote la loi Publilia; mais ce n'était pas une règle générale, car la loi *Icilia* fut approuvée par les comices centuriates, au dire du même auteur (6).

---

(1) Denys, IX, 41.

(2) Tite-Live, III, 32.

(3) Tite-Live, III, 9-11.

(4) Leur nombre fut ensuite doublé et ils devinrent les *decemviri legibus scribendis.*

(5) Denys, IX, 49; X, 4.

(6) Denys, X, 32.

Après la chûte des décemvirs, une loi Valeria Horatia déclare, « ut quod tributim plebes jussisset populum teneret(1). » Mais il est permis de douter, malgré la forme absolue de ces termes, que les comices par tribus aient pu voter des lois générales, attendu que les patriciens n'y étaient pas représentés. Il est impossible de croire que la plèbe fût déjà assez puissante, pour imposer à tous sa volonté : on ne comprendrait pas alors la lutte qu'elle dut encore soutenir pendant près d'un siècle, contre les patriciens, seuls maîtres des fonctions consulaires et sacerdotales.

Il est donc vraisemblable que, dans cette période du moins, les plébiscites ont du être soumis à l'approbation d'un pouvoir supérieur, des *Patres* sans doute, ainsi que nous le dirons en parlant du Sénat.

Tite-Live nous apprend (2), sans accompagner son récit d'aucun commentaire, que le dictateur Q. Publilius Philo rappela, en 33, le contenu de la loi Valeria Horatia, « ut plebiscita omnes Quirites tenerent. » Celle-ci fut elle-même renouvelée par la loi Hortensia rendue en 286, pendant la période dictatoriale que signalèrent les troubles de la plèbe. Il paraît surprenant qu'une même loi ait dû être ainsi répétée jusqu'à trois fois. On a cherché à l'expliquer en disant que la loi Valeria Horatia exigeait une autorisation préalable du Sénat, et une ratification des

---

(1) Tite-Live, III, 55.
(2) Tite-Live, VIII, 12.

4.

comices par curies. Un passage de Tite-Live (1) a suggéré cette interprétation ; mais il est trop ambigu pour qu'on puisse en tirer une solution précise. On a ajouté que la loi Publilia a sans doute supprimé la nécessité du sénatus-consulte, et que la loi Hortensia a déclaré superflu le vote des curies ; mais ce sont là de pures hypothèses, nous ne nous arrêterons donc pas à les discuter (2).

Ainsi, à partir de la loi Hortensia, les patriciens sont soumis aux plébiscites, et ceux-ci ne se distinguent plus des autres lois que par la forme particulière des comices qui les votent.

Les magistrats qui peuvent soumettre des lois aux comices curiates et centuriates ont aussi le droit d'en présenter aux comices tributes ; seulement, ils usent rarement de cette faculté, et c'est toujours un tribun qui soumet les lois aux tribus.

Le nombre des plébiscites ainsi votés est, à l'origine, assez restreint (3) ; mais il tend chaque jour à augmenter et, à l'époque où le Sénat cessa sa lutte ouverte contre le tribunat, on le voit charger un tribun de proposer des lois au peuple : « Agebat cum « tribunis ut ferrent ad plebem (4). »

____

(1) Tite-Live, IV, 6.

(2) Niebuhr, *R. G.*, II, 410-415 ; III. 171, 491. — Mommsen, *Röm. Fors.*, I, p. 164 et 207. — Marquardt, *Handb.*, II, 3, p. 159 et suiv. — Villems, *le Dr. publ. rom.*, p. 186, note 6.

(3) Marquardt, *Handb.*, II, 3, p. 126 et notes 504 et 505.

(4) Tite-Live, XXX, 11.—A l'époque où les tribuns n'avaient pas entrée au Sénat, c'étaient les consuls qui leur transmettaient ce vœu.

Les plébiscites portent sur toutes les matières du droit, et surtout sur les attributions de pouvoir, la compétence des magistrats, le transfert temporaire de l'autorité du peuple aux consuls, etc. (1), l'attribution du droit de cité, les décisions par lesquelles un citoyen est affranchi d'une obligation légale.

Sylla, pendant sa dictature, retira aux tribuns le droit de présenter des lois (2) ; c'était supprimer par là même le pouvoir législatif des comices par curies. Mais cet état de choses fut de courte durée, et le tribunat ne tarda pas à recouvrer toutes ses anciennes prérogatives.

5° *Comparaison des comices par centuries et par tribus.*

Les comices par tribus ont existé longtemps à côté des comices par centuries ; on se trouve donc, à une certaine époque, en présence de deux assemblées législatives également compétentes. On est tenté de rechercher d'après quels principes se règlaient leurs attributions respectives ; mais, en parcourant la liste des lois votées par les centuries et par les tribus, on constate qu'une classification est impossible à faire.

---

(1) Tite-Live, XLII, 31.

(2) La réforme de Sylla a peut-être été encore plus radicale : suivant des auteurs, ce sont les assemblées tributes elles-mêmes qui auraient été supprimées. Les textes ne sont pas concordants, V. Mommsen.

On peut remarquer seulement que le pouvoir législatif, qui appartenait uniquement aux comices centuriates, a passé graduellement aux comices tributes.
Il est aussi des lois qui sont restées uniquement de
la compétence des centuries, ce sont les déclarations
de guerre, et les lois *de censoria potestate*. Les deux
autres assemblées n'ont pas d'attributions bien définies (1).

En résumé, une loi peut indifféremment être portée devant les centuries ou les tribus ; mais, on peut
remarquer que, grâce au développement et à l'importance croissante de ces dernières, les lois ont
tendu, de plus en plus, à prendre la forme de plébiscites.

III. — FORMALITÉS COMMUNES AUX TROIS SORTES DE CURIES.

La convocation est faite par le magistrat président
des comices. Des affiches (*edicta*) sont placées dans des
lieux affectés à cet usage (2). A une certaine époque

---

(1) Huschke propose un partage entre les centuries et les tribus.
Aux premières il soumet les affaires concernant les relations exté-
rieures et le droit public ; aux secondes les affaires intérieures. « Cela
explique, dit-il, pourquoi les lois concernant le droit privé avaient
la forme de plébiscites, tandis que les déclarations de paix ou de
guerre étaient soumises aux centuries. » *Verf. des K. S. Tullius*,
p. 402. Mais cette distinction est peu fondée, car nous savons que
c'étaient les tribus qui votaient les traités de paix. V. Rubino, *Untersuch*, I, p. 260.

(2) Tite-Live, XXXV, 24.

des convocations sont même envoyées dans toutes les contrées de l'Italie (1).

Parfois, quand l'affaire est d'une importance capitale, les consuls invitent les citoyens à se rendre exactement à l'assemblée (*consularibus litteris*) (2); le Sénat recourt aussi quelquefois à ce moyen (3).

La convocation est faite, soit par un licteur (pour les comices curiates), soit par un joueur de cor (*cornix*) (pour les comices centuriates) (4), et toujours sur l'ordre du magistrat qui a le droit de présider les comices (*agere cum populo*). L'assemblée des tribus est annoncée de vive voix dans les campagnes (5), et, le jour fixé, il est vraisemblable que des hérauts parcouraient la ville pour prévenir le peuple. A l'origine, c'est le roi ou le consul, qui réunissent l'assemblée des curies et des centuries. Dans celle par tribus, ce peut être indifféremment un consul, un préteur, un tribun.

La convocation doit être publiée un *trinundinum* (17 jours) au moins avant le jour fixé pour la réunion (6). C'est la loi Cæcilia Didia qui a fixé législativement l'usage, admis jusqu'alors, de laisser entre la convocation et la réunion du peuple l'intervalle de

---

(1) App., *Bell. civ.*, I, 29.
(2) Cic., *Pro Sestio*, 60.
(3) Cic., *De domo*, 28. — *Post red. in Sen.*, 9, 11, 12.
(4) Marquardt, *Handb.*, II, 3, p. 90.
(5) Appian, *B. C.*, I, 29. — Marquardt, *Handb.*, II, 3, p. 128.
(6) Marquardt, *Handb.*, II. 3, p. 56.

trois jours de marché (*nundiniæ*), soit 17 jours. Telle est la règle pour les comices législatifs (1); pour les autres elle est un peu différente. En cas de renvoi de la délibération et du vote, ces délais ne sont plus exigés pour la convocation suivante.

Le projet de loi (*rogatio* ou *lex*) est publié pendant ce laps de temps. Avant la réunion des comices, les magistrats peuvent convoquer des *conciones* à l'effet de mettre la *rogatio* en discussion : dans ces réunions publiques les promoteurs de la loi s'efforcent d'en démontrer l'utilité (*suaderi*). La discussion peut ensuite s'engager, car les citoyens ont le droit de prendre la parole avec la permission du magistrat président (2).

On doit choisir pour la réunion un jour *comitialis*, c'est-à-dire qui ne soit ni férié ni consacré à des actions de grâces (*supplicationes*); et encore, les jours ouvrables, ne sont *comitiales*, que s'ils ont été désignés comme tels sur le calendrier des Pontifes (3).

---

(1) Marquardt, *Handb.*, II, 3, p. 57 et note 186.

(2) C'est dans une *concio* que Cicéron prononça ses 2e et 3e discours, *De lege agraria*, pour combattre (*dissuaderi*) le projet de loi présenté par Servilius Rullus.

(3) Les jours de l'année étaient, en effet, répartis en trois catégories : les *dies festi* (jours de fête); les *dies profesti* (jours ouvrables), et les *dies intercisi* (jours à moitié fériés). De plus, les calendes et les ides étaient comptées au nombre des *dies festi*.

En était-il de même des *nundinæ*? La question est discutée : suivant Niebuhr (*R. G.*, II, p. 243) ils étaient à l'origine considérés comme *comitiales* pour les plébéiens, et non pour les patriciens. Pour ceux-ci ils étaient *dies festi* et *nefasti*. Suivant cet auteur, la

L'assemblée des comices par curies se tient toujours au Forum, dans le lieu nommé *comitium*, auprès du temple de Vulcain. Les comices par centuries se réunissent dès l'origine en dehors du *pomœrium*, ordinairement au Champ de Mars; dans les deux cas l'emplacement désigné est un lieu consacré. En souvenir du temps où Rome était environnée de peuples ennemis, on met les assemblées à l'abri des surprises en plaçant en permanence un corps de troupes sur le Janicule, et on y arbore un drapeau (*vexillum*) pendant toute la durée des comices. Ce fût même l'occasion de fraudes nombreuses : un magistrat faisait retirer le drapeau pour arrêter le vote, s'il craignait de voir repousser la loi qu'il proposait (1). Très exceptionnellement les comices par centuries se réunissent ailleurs qu'au champ de Mars, mais cependant hors du *pomœrium* (2), quant au

loi Hortensia aurait fait disparaître cette anomalie et proclamé les *nundinæ* jours ouvrables pour tous. — Les *dies profesti* étaient les uns *fasti* (jours réservés pour l'exercice de la justice) et les autres *comitiales* (spéciaux pour les réunions des comices).

Les empereurs ont modifié tout ce système en augmentant considérablement le nombre des *dies fasti*. Plus tard, le sens de ces mots s'est modifié, et *dies nefastus* a désigné un jour impropre à l'accomplissement de tout acte quel qu'il fut. — Marquardt, *Handb.*, p. 62, 63 et 64 ainsi que la note 221.

(1) Dion Cass., XXXVII, 28. — Marquardt, *Handb.*, II, 3, p. 93 et 114.

(2) Au *lucus Petelinus* lors de l'acceptation d'une loi proposée par le dictateur Valerius Corvus, après une révolte des troupes; dans un bois de chênes (*æsculetum*) pour le vote de la loi *Hortensia de plebiscitis*.

vote dans un camp, il est tout à fait irrégulier, et s'il a eu lieu une fois, pour le vote d'une loi sur l'usure, il fut ensuite prohibé sous peine de mort.

Il se peut que dans les dernières années de la République et sous l'Empire les comices par centuries se soient réunis au Forum ; mais les textes qui le disent ne sont pas bien formels ; il est possible qu'ils se rapportent seulement à des *conciones* ou même à des *comitia tributa* (1).

Quant aux comices par tribus, ils n'ont pas de lieu de réunion bien fixe. Lorsqu'il s'agit de *comitia legum*, ils s'assemblent le plus souvent au Capitole (2) ; parfois aussi aux *prata Flaminia* ou au *circus Flaminius* (3).

Les comices par curies, comme les comices par centuries, ne peuvent se réunir sans que le magistrat président ait préalablement consulté les auspices (4), le jour même de la réunion. Le consul, (c'est lui qui préside le plus souvent), se fait assister d'un augure (5). Si les auspices sont favorables, les comices peuvent se tenir après une nouvelle convo-

---

(1) Suétone, *César*, 20. — Dion Cass,, XXXVIII, 6.

(2) Tite-Live, XXXIII, 25.

(3) Tite-Live, III, 54; XXVII, 21. — Marquardt, *Handb.*, II, 3, p. 121 et 122.

(4) « Car, dit Marquardt, l'esprit religieux défendait aux Romains d'accomplir aucun acte important de la vie publique ou privée, sans interroger les dieux. » Marquardt, *Handb.*, II, 3, p. 68.

(5) Marquardt, *Handb.*, II, 3, p. 71 et note 260, p. 72 et s., et 76.

cation ; mais le magistrat doit se garder de rentrer en ville, sinon les auspices doivent être pris de nouveau sous peine d'entraîner la nullité des opérations du vote (1).

Après l'accomplissement de toutes ces formalités, les comices sont autorisés à se tenir ; mais des causes fortuites peuvent les interrompre (2).

Les *concilia plebis* ont lieu *inauspicato* ; mais cela ne veut pas dire que tout acte religieux en soit pour cela banni. Les *comitia tributa* ont lieu sous la présidence d'un patricien et par suite *auspicato* (3).

La réunion commence *primâ luce* et ne peut se prolonger au-delà du coucher du soleil. Elle s'ouvre par des cérémonies religieuses, et par une prière dont la formule est sacramentelle (*carmen solemne precationis*) (4). Une *concio* présidée par le magistrat peut précéder immédiatement les comices ; mais sa durée est limitée afin que l'assemblée ait le temps de procéder au vote (5-6).

La *rogatio* est lue par un secrétaire (*scriba*) (7), un

---

(1) Cic., *Phil.*, III, 4. — Marquardt, *Handb.*, II, 3, p. 78.

(2) Marquardt, *Handb.*, II, 3, p. 77.

(3) Marquardt, *Handbuch.*, II, 3, p. 121. — *Contra*, Mommsen, *Röm. Forsch.*, I, p. 196.

(4) Tite-Live, X, 47, et Marquardt, *Handb.*, II, 3, p. 93, 94 et 129.

(5) Marquardt, *Handb.*, II, 3, p. 92.

(6) Cic., *De leg.*, III, 4. — Tite-Live, X, 9; XXXIV, 1 et 5.

(7) Marquardt, *Handb.*, II, 3, p. 95.

héraut est ensuite chargé de la réciter à haute voix ; c'est entre ces deux lectures que peut se produire l'*intercessio* (1) d'un tribun sous forme d'une défense de lire la loi. Le vote suit immédiatement la lecture de la *rogatio*. Le *præco* invite le peuple à se grouper (*discessio*) : « *Si vobis videbitur, discedite Quirites* (2). » Chaque division se place dans un enclos formé par des barrières (*sæptum* ou *ovile*) (3). Des passages étroits (*pontes*) (4) conduisent de là à l'endroit où le citoyen doit voter. Les *pontes* sont si étroits qu'une seule personne y peut passer à la fois ; on veut ainsi empêcher des personnages influents de s'y tenir pour exercer une pression sur le vote (5-6).

(1) Marquardt, *Handb.*, II, 3, p. 113.

(2) Tite-Live, II, 56. — Marquardt, *Handb.*, II, 3, p. 130.

(3) Marquardt, *Handb.*, II, 3, p. 100.

(4) Marquardt, *Handb.*, II, 3, p. 101 et note 395.

(5) Cic., *De leg.*, III, 17. — Plutarque, *Marius*, 4.

(6) D'après un brocard bien connu, de Festus (p. 334), « *Sexagenarios de ponte* », on avait admis que les sexagénaires étaient privés de leurs droits politiques. Becker combat cette opinion qu'il considère comme provenant d'un malentendu, et qu'il traite de plaisanterie. Les passages des auteurs classiques qui en font mention, sont les suivants : Cicéron, *P. Rosc.*, 35 ; — Macrobe, *Sat.*, I, 5 ; — Paul Diacre, p. 75, et Festus déjà cité. Malgré l'autorité de ces sources, nous hésitons beaucoup à admettre que les citoyens les plus expérimentés et les plus versés dans la science du droit, qui pouvaient siéger au Sénat et être appelés aux plus hautes fonctions dans l'État, aient pu être privés du droit de vote dans les comices, par cela seul qu'ils avaient atteint l'âge de soixante ans. Telle est aussi l'opinion exprimée par Becker. Nous renvoyons à son *Handbuch* (II, 1, p. 216, note 443), qui contient sur ce sujet des développements qui ne rentrent pas dans le cadre de ce travail.

L'ordre dans lequel chaque curie, centurie ou tribu est appelée à émettre son vote varie avec les époques et l'espèce particulière de comices.

A l'origine c'est le sort qui désigne celle des curies qui est appelée la première à émettre son vote ; elle est pour cela appelée *principium*.

Dans les comices par centuries, tels qu'ils sont établis par Servius Tullius, le scrutin se fait, classe par classe, en commençant par la première. En tête de celle-ci figurent les 18 centuries d'*equites* qui sont pour cela dites *prærogativæ* (1). Le privilège des chevaliers a duré jusqu'à l'époque des guerres puniques.

Le nom de *centuriæ prærogativæ* s'applique plus particulièrement aux suffrages des six plus anciennes tribus de chevaliers ; les 12 autres sont dites *primo vocatæ*. Dès la première année de la guerre punique, le privilège des 18 centuries de chevaliers prend fin : la *prærogativa* est alors tirée au sort.

Après la réforme des centuries de Servius Tullius, chaque tribu n'en comprend plus que deux ; la *prærogativa* est alors celle des *juniores* ou celle des *seniores* d'une tribu.

On commence par tirer au sort la *prærogativa* et

---

(1) « Equites vocabantur primi, octoginta indè primæ classis centu-
« riæ primum peditum vocabantur ; ibi si variaret, quod raro incide-
« bat, ut secundæ classis vocarentur, nec ferè unquam infrà ita des-
« cenderent, ut ad infimos pervenirent. » Tite-Live, I, 43.

à cet effet le *præco* met les noms des centuries dans une urne (*sitella* ou *urna*). La *prærogativa* vote seule; puis après le dépouillement du vote, le résultat est proclamé.

Les centuries dites *jure vocatæ* sont ensuite appelées par le héraut (*præco*), classe par classe, et d'abord la première avec les 18 centuries de chevaliers. Le résultat du vote de ces dernières centuries est annoncé en premier lieu. C'est ensuite le tour de la 2e classe et ainsi de suite, jusqu'à ce que la majorité soit formée. Niebuhr fait passer les *sex suffragia* après la première classe, mais cela nous paraît peu vraisemblable.

Le vote était-il suspendu pendant le dépouillement des suffrages de la première classe? On n'a sur ce point, que des renseignements incomplets. D'après un passage de Cicéron (1) on peut conjecturer qu'il n'en était pas ainsi, mais que la seconde classe votait sans interruption (2).

Si on admet l'existence d'une centurie *ni quis scivit* (3), dans laquelle auraient pris place sans distinc-

---

(1) « Quæ omnia sunt citius facta quam dicta. » Cic., *Phil.*, II, 33, § 82.

(2) Consultez sur ce passage Marquardt, *Handbuch*, II, 3, p. 105, et sur le vote successif des classes, Marquardt, *Handbuch*, II, 3, p. 1.

(3) Festus, p. 177.
Voyez sur la curie *ni quis scivit*, Marquart, *Handbuch*, II, 3, p. 217, et Göttling, *Staatsverf.*, p. 258. — *Contrà*, Huschke (*Verf. d. K. S. Tullius*, p. 225 et suiv.) expose un système tout à fait étranger à l'organisation de Servius, au dire même de Becker, qui le traite de système de fantaisie (*Kunstliche Systeme*).

tion de classe, les citoyens qui n'avaient pas voté dans la leur, ou qui n'étaient en réalité d'aucune centurie, quel rang devons-nous lui assigner? Becker incline à penser que les retardataires de chaque classe votaient avec la suivante. Car, s'ils avaient été rejetés après la dernière, leur voix n'eut eu aucune portée (1).

Les plébiscites contiennent la mention d'une tribu *principium;* mais il ne s'agit plus pour cela de citoyens ayant le droit de voter les premiers. Suivant Marquardt (2), voici comment les choses se passent : avant le commencement du vote, on tire au sort pour savoir quelle est la tribu qui doit voter d'abord. Nous sommes autorisés à penser qu'il en était ainsi, en raison de l'analogie qui existe entre les diverses sortes de comices; un passage de Tite-Live (3) semble d'ailleurs l'indiquer.

La tribu désignée par le sort est dite *principium* et non pas *prærogativa.* Après le dépouillement du vote de cette tribu, les 34 autres votent à leur tour, et toutes en même temps, ainsi que le prouve un passage de Denys. Cet auteur relève même, à ce propos, une différence entre l'assemblée des centuries et celle des tribus : tandis que dans celle-là les dernières classes votent rarement, ou même ne votent jamais, dans celles-ci, au contraire, tous les citoyens sont appelés en une seule fois (μιᾷ κλήσει) à

----

(1) Mommsen, *die Röm. trib.*, p. 98.

(2) Marquardt, *Handb.*, II, 3, p. 131.

(3) Tite-Live, XXV, 3.

donner leur avis. On comprend qu'il eût été déraisonnable de forcer tout le peuple à rester présent au Forum jusqu'à ce qu'une majorité eût été formée, pour adopter ou rejeter la loi proposée. S'il pouvait en être autrement pour les centuries cela tient à ce que l'absence des dernières centuries n'empêchait pas le vote des comices d'être régulier, tandis que la présence effective de toutes les tribus était exigée (1). Cependant nous avons plusieurs exemples de votes successifs des tribus (Appian, *Bell. civ.*, 1, 12. — Plutarque, *Tib. Gracch.*, 12. — Asconius, *in Corn.*, 17. — Valère Maxime, VIII, I, 17), mais ce sont des faits exceptionnels.

En général les tribus votent simultanément, seulement un tirage au sort indique l'ordre dans lequel seront proclamés les résultats du scrutin, car on ne suit pas l'ordre naturel des tribus, ainsi qu'on le fait pour les centuries. La tribu qui est nommée la première est dite *principium;* le citoyen qui a voté le premier en est le *princeps* et son nom est cité en tête de la loi (2).

Le vote se fit à l'origine, de vive voix, (*vivâ voce*) (3), par une déclaration aux *rogatores* (4) char-

---

(1) Marquardt, *Handb.*, II, 3, p. 133, note 533.

(2) *Lex Malacitana*, LVII. — Marquardt, *Handb.*, II, 3, p. 132. — Walter, *G. d. R. R.*, I, 134.

(3) Marquardt, *Handb*, II, 3, p. 97 et 98.

(4) Mommsen pense que c'étaient les *curatores tribuum* qui remplissaient ces fonctions dans les comices par tribus. V. *Röm. trib.*, p. 20 et 102.

gés de marquer par des points (*puncta*) le vote de chacun (1). Mais pendant la deuxième moitié du IIe siècle s'introduit le scrutin secret (2). Dès lors chaque votant reçoit deux tablettes portant : l'une U(*ti*) R(*ogas*), l'autre A(*ntiquo*), et il les place dans des corbeilles (*cistæ*) (3), confiées à la garde de *rogatores* et de *custodes* (4). Les sénateurs ne croient pas déroger en venant remplir eux-mêmes ces dernières fonctions, dans le cas où ils attachent une grande importance au vote (5). Le dépouillement (*diribitio*) est fait par des scrutateurs (*diribitores*).

Une règle, suivie dans tous les comices sans exception, est d'arrêter le vote dès que la majorité des curies, des centuries ou des tribus s'est prononcée dans un sens, et assure l'adoption ou le rejet de la loi. Il en résulte, ainsi que nous l'avons déjà fait remarquer, que bien rarement tous les citoyens sont appelés à voter.

La proclamation du résultat du scrutin par le président (*renuntiatio*) est immédiatement suivie de la dissolution des comices (6).

---

(1) Horace, *Ars. poet.*, 343 et suiv.

« Omne tulit punctum qui miscuit utile dulci. »

(2) C'est la loi Papiria (131) qui l'établit pour les *rogationes* législatives. Cic., *De leg.*, I, 1.

(3) Marquardt, *Handb.*, II, 3, p. 102.

(4) Marquardt, *Handb.*, II, 3, p. 103.

(5) Il en fut ainsi lorsque Cicéron fut rappelé de l'exil.

(6) Marquardt, *Handb.*, II, 3, p. 112.

Avant ou pendant le vote, les incidents qui peuvent empêcher les comices de siéger sont : certains *auspicia e diris* tel qu'un cas d'épilepsie (*morbus comitialis*), ou des *auspicia e cœlo* comme un orage, un coup de tonnerre ou de foudre (1). Avant le commencement du vote l'assemblée peut être dissoute par la *nuntiatio* d'un augure présent aux comices, ou par l'*obnuntiatio* (2) d'un fonctionnaire; un magistrat quelconque a en effet le droit d'observer le ciel pour y chercher des présages (3). Dès que le président des comices est informé, avant le commencement de la séance, qu'un magistrat use du *jus obnuntiationis*, il doit ajourner l'assemblée. Il y a là un moyen de fraude qui fut employé très-souvent pour empêcher les comices de siéger (4). Aussi, pour mettre un terme aux abus qui n'ont pas manqué de se produire, le magistrat qui convoque les comices prend-il soin de faire limiter le *jus obnuntiationis* dans l'édit de convocation, ou dans un sénatus-consulte (5). L'exercice du droit d'*obnuntiatio* est réglé

----

(1) « Jove tonante, fulgurante, comitia populi habere nefas. » *Cic.*, *De div.*, II, 18.—Marquardt, *Handb.*, II, 3, p. 114, notes 455 et 456.

(2) Cic., *Phil.*, I, 1. — Cic., *Ad Att.*, IV, 3.

(3) Le *jus obnuntiationis* n'existait pas à l'origine à l'encontre des comices par tribus. Il ne fut reconnu dans ce cas qu'après que les comices par tribus eurent été précédés de la prise des auspices. Marquardt, *Handb.*, II, 3, p. 87.

(4) Dion Cass., XXXVIII, 13. Cf. Cic., *De domo*, 15; *Pr. Sext.*, 36; *Phil.*, II, 52.

(5) « Ne quis magistratus minor de cœlo servasse velit. » Aul. Gell., XIII, 15. — Cic., *Pro Sext.*, 61.

par les lois *Ælia* et *Fufia* ; on est réduit à des conjectures sur le détail de ces lois (1) ; nous savons seulement qu'une *lex Clodia*, adoptée sous le tribunat
de Clodius, interdit de *servare de cœlo* pendant la
réunion des comices.

Publication de la loi.

Les lois, après avoir été adoptées par le peuple,
sont gravées sur le bronze (*in æs incidebantur*) et
déposées au Capitole dans l'*ærarium* (2).

Voici ce que nous connaissons des formules employées dans les lois ; ces détails sont transmis
par des fragments d'inscriptions latines.

La loi commence (*index et præscriptio legis*) par
indiquer le nom de l'auteur du projet, le lieu et la
date de l'assemblée ; si c'est une loi tribute, le nom
de la tribu *principium* (3) et du citoyen *princeps* (4)
qui a voté le premier, puis, vient le texte de la loi.
A la fin se trouve parfois une formule proclamant la
loi inviolable (*sancta*), ou sacrée (*sacrata*). Quelquefois, afin d'éviter qu'il y soit trop facilement dérogé,
on déclare qu'elle ne pourra être abrogée tacitement

---

(1) Consultez sur ce point, Marquard, *Handb.*, II, 3, p. 87, note
327.

(2) Suétone, *Vesp.*, 8, et *César*, 28. — Marquardt, *Handb.*, II, 3,
p. 112, note 448.

(3) Marquardt, *Handb.*, II, 3, p. 131 et note 528.

(4) Marquardt, *Handb.*, II, 3, p. 132 et note 529.

5.

ou en bloc (*per saturam*), mais qu'il faudra une loi spéciale.

L'épithète de *sacratæ* s'applique également aux lois que les Romains entourent d'un respect tout particulier et conservent toujours, sans jamais les abroger. Telle est la loi qui a institué les tribuns de la plèbe, et assuré à ces magistrats de grands privilèges (1).

Il faut faire une place à part aux lois de circonstances que leurs auteurs voulaient préserver de toute abrogation. Ainsi, dans la loi *de agro Campano dividendo*, il est dit que tous les sénateurs et tous les candidats doivent prêter serment de s'y soumettre ; mais de tels moyens sont impuissants à en assurer la stricte observation. Il est défendu de présenter des projets dits *privilegia* contre une personne déterminée, ou en sa faveur. Cette défense remonte même à la loi des XII Tables et aux *leges sacratæ* (2).

---

(1) Cic., *Ascon. ad Corn.*, 105; *De domo*, 17.
(2) Cic., *De leg.*, III, 4, 19.

DEUXIÈME PARTIE.

DU SÉNAT.

I. — DU SÉNAT SOUS LA RÉPUBLIQUE.

En parlant du fonctionnement des comices, nous avons eu incidemment l'occasion de faire allusion au rôle du Sénat. Nous y revenons maintenant pour montrer par quelle suite d'événements ce corps, qui, à l'origine, avait des attributions purement consultatives, est arrivé à remplacer les comices.

Ses attributions, au temps de la royauté et de la république, sont de deux sortes ; elles peuvent se résumer en deux mots : *auctoritas, consilium*, c'est-à-dire qu'il exerce une espèce de contrôle sur les décisions du peuple, et qu'il est le conseil des magistrats.

Après avoir étudié la *patrum auctoritas*, nous nous demanderons ce qu'étaient, au point de vue législatif, les sénatus-consultes ; s'ils étaient une émanation du pouvoir législatif, et nous suivrons leur transformation sous le régime impérial.

1° *De la patrum auctoritas.*

La question de la *patrum auctoritas* nécessite une double étude. Il faut d'abord rechercher à qui s'applique la désignation de *patres*, et, après avoir indiqué la solution qui nous semble préférable, étudier ce qu'a été, aux différentes époques de l'histoire romaine, le pouvoir de ces *patres*.

Les auteurs anciens font bien souvent allusion au droit qu'avait une classe de personnes, désignées sous le nom de *Patres*, d'adopter ou de rejeter les décisions votées dans les comices ; mais les textes latins ne nous renseignent pas suffisamment, à cause de la double signification du mot *pater*, qui désigne à la fois un sénateur et un patricien (1).

Suivant nous, c'est à tort qu'on a distingué entre la *patrum auctoritas* et la *senatus auctoritas* ; en un mot, ce pouvoir chargé de confirmer ou de repousser la loi ne serait autre que le Sénat. Il est vrai qu'on invoque à l'encontre de cette opinion un passage de Tite-Live (2) qui nous apprend qu'un sénatus-consulte fut rendu une fois, *ut patres auctores fierent*. L'historien, après avoir exposé le compromis intervenu entre la plèbe et le patriciat, ajoute :

« Factum senatus consultum ut duoviros ædiles
« ex patribus dictator populum rogaret, patres auc-
« tores omnibus ejus anni consiliis fierent. » Ce que l'on traduit de la façon suivante : Le Sénat ordonne aux *patres* de valider les élections de tous les comices de l'année, et ici *patres* désigne les patriciens. Willems (3) repousse cette explication qui con-

---

(1) Cic., *De Rep.*, II, 82. — Tite-Live, I, 17. — Denys, II, 14.
(2) Tite-Live, VI, 42.
(3) *Le Sénat de la République romaine*, II, p. 44.

tient, dit-il, une hérésie choquante contre le droit public romain de l'époque. Comment comprendre en effet que le Sénat, qui est un corps simplement consultatif, puisse donner un *ordre* aux *patres*. Tout ce qu'il peut faire, c'est leur donner son avis, les prier de ne pas s'opposer, etc.; pour donner une signification à ce passage il faut l'interpréter en ce sens que les *patres* ne sont autres que les sénateurs, et y voir un engagement de la part du Sénat à ne pas invalider les magistrats élus quels qu'ils puissent être.

Nous ne pouvons cependant nous empêcher de reconnaître que si le sens de la pensée de Tite-Live est très clair, le texte est par contre fort incorrect, car le mot *pater* y figure deux fois avec des acceptions différentes; il désigne d'abord des patriciens (*ædiles ex patribus*) et ensuite des sénateurs (*patres auctores*) (1).

Mais, objecte-t-on, comment interpréter l'expression *patricii auctores* employée par un auteur (2), elle semble bien faire allusion à une assemblée exclusivement patricienne. — Il est possible, suivant nous, d'en donner une explication très satisfaisante dans le

---

(1) On fait encore remarquer que la construction de la phrase de Tite-Live : « Factum senatus consultum ut... », indique un ordre donné à d'autres qu'aux sénateurs, car il serait singulier que le Sénat s'enjoignît à lui-même d'autoriser.

Cette critique est peu fondée. Nous trouvons en effet, dans Cicéron, cette tournure de phrase pour indiquer une résolution prise par le Sénat : « Itaque postridie placuit ut breviter sententiam dice-- « remus. » Cic., *Ad fam.*, I, 2, § 2.

(2) Tite-Live, I, 17.

système que nous avons indiqué. Tite-Live, dans le passage cité, signale en effet l'opposition manifestée par les patriciens contre la loi qui permettait aux plébéiens de prétendre au Consulat. Après le vote par le peuple, dit-il, *patricii se auctores futuros negabant*. Ce qu'on peut traduire ainsi : les sénateurs patriciens disent qu'ils feront opposition à la loi. — Mais il s'agit ici des patriciens qui font partie du Sénat, et non pas de tous les patriciens ; or, parmi les sénateurs, il y a déjà à cette époque beaucoup de plébéiens ; mais comme l'élément patricien y est encore en majorité, les sénateurs de cet ordre sont assurés de pouvoir imposer leur volonté aux sénateurs plébéiens (1).

Des auteurs ont essayé de concilier les termes *patres* et *patricii auctores* en attribuant l'*auctoritas* aux seuls sénateurs patriciens (2). Cette explication ne nous paraît pas bien satisfaisante, car elle suppose que les sénateurs patriciens formaient dans le Sénat une corporation jouissant de droits spéciaux, de prérogatives politiques refusées aux plébéiens ; et les textes ne nous disent rien de tel.

Il a été proposé enfin une troisième explication de la *patrum auctoritas*. Il semble résulter, dit-on, des textes cités de Tite-Live : « Quia *patricii* se auctores

____

(1) Consultez Huschke, qui développe ce système, *Verfass. d. K. S. Tullius*, p. 403 et suiv.

(2) Mommsen, *Römisch. Forsch.*, I, p. 235 et suiv. — Rubino, *Untersuch*, p. 349. — Willems, *Sénat romain*, II, p. 52.

« futuros negabant », et de Salluste qui met dans la bouche de Macer les paroles suivantes : « Libera ab « auctoribus *patriciis* suffragia majores vestri para- « vere, » que le droit d'autoriser appartenait aux patriciens et non pas aux sénateurs. Dès lors, on est conduit à l'accorder aux comices par curies qui sont le seul mode de groupement politique des patriciens.

A ceux qui s'étonneraient de voir deux assemblées politiques intervenir successivement, et, en particulier, les patriciens réunis en comices par curies, approuver le vote des comices par curies, on répond que le fait n'est pas sans exemple dans l'histoire. Les auteurs nous rapportent en effet que le roi était nommé par deux assemblées successives des curies, et que le procédé des doubles comices a été en usage jusqu'à la fin de la République.

Cette explication (1) ne nous satisfait pas pleinement ; l'exemple qu'on invoque n'est nullement concluant. On ne comprend pas qu'une assemblée ait dû se réunir deux fois pour prendre une seule et même décision. Si cela s'explique bien quand il s'agit d'une élection, c'est que l'objet du vote n'est pas le même les deux fois. Dans le premier comice se fait la nomination ; dans le second a lieu le vote de la *lex curiata de imperio* destinée à conférer l'*imperium* au magistrat. Si les deux votes se faisaient dans deux

---

(1) Il est à remarquer que cette explication suppose les plébéiens exclus des comices par curies.

assemblées successives, cela tient aux procédés formalistes des Romains qui voulaient que le magistrat lui-même proposât au peuple la loi qui devait lui conférer l'*imperium* (1). Mais, dans les comices législatifs, il n'en est plus de même; les deux lois auraient le même objet; et comme la *patrum auctoritas* doit intervenir à propos d'une loi curiate aussi bien que d'une loi centuriate, il faudrait en conclure que les comices par curies peuvent être appelés à voter deux fois de suite sur la même loi, ce qui nous semble peu probable (2-3).

---

(1) En réalité, il y avait là un cercle vicieux; car si le magistrat présentait au peuple la loi *de imperio suo*, c'était pour obtenir l'investiture de sa charge, or celle-ci était nécessaire pour permettre à ce même citoyen de présenter une loi au peuple.

(2) Voyez toutefois en ce sens : Becker, *Handb.*, II, 1, p. 322 et suiv.; Niebuhr, *Röm. Gesch.*, II, p. 43 et suiv.; Willems, *Sénat romain*, II, p. 50.

Un autre système présenté par Lange accorde le titre de *patres auctores* aux seuls pères de famille des *gentes* patriciennes.

L'auteur ne fait pas de difficulté de reconnaître qu'il ne peut invoquer à son appui aucun texte des auteurs anciens; mais il se fonde sur la signification du mot *pater*, auquel il conserve son sens patriarchal.

Il faut avouer que cette opinion se fonde sur une base bien peu solide : nulle part il n'est fait mention d'une assemblée composée des *patresfamilias patriciarum gentium*.

Voyez l'énoncé du syst. de Lange dans *Römisch. Alterth.*, I, p. 300 à 307 (3e édition), et *De patrum auctoritate commentatio* (I, p. 33 à 38), et sa réfutation dans les *Neue Jahrbücher für Philologie und Pedagogik* (CXIII, p. 521, et CXV, p. 565).

(3) On peut ajouter que le mot même d'*auctoritas* semble exclure l'idée d'une assemblée du *populus*. Le peuple ordonne ou défend

Ainsi, comme conclusion, nous sommes d'avis que le mot *patres* doit être traduit par le mot *senatores*. C'était la solution adoptée avant Niebuhr; nous croyons qu'il convient d'y revenir.

L'histoire de la *patrum auctoritas* peut se diviser en deux périodes.

Dans une première, l'*auctoritas* du Sénat (1) suit le vote du peuple; c'est une véritable ratification de l'œuvre législative des comices.

Dans une seconde, elle précède la réunion de l'assemblée populaire; les magistrats qui ont le *jus agendi cum populo*, doivent s'assurer du consentement du Sénat, avant de présenter leur projet de loi aux comices. Cicéron se réfère à la première période quand il dit (2) : « Vehementer id retinebatur populi « comitia, ne essent rata nisi ea patrum approbavisset « auctoritas. » On peut mettre en regard le texte suivant de Tite Live (3) qui se rapporte à notre seconde période : « (Patres) decreverunt ut cum populus « regem jussisset, id sic ratum esset si patres auc- « tores fierent. Hodie quoque in legibus magistra- « tibusque rogandis, usurpatur idem jus vis adempta :

______

(*jubet, vetat*), il ne ratifie pas : « Potestas in populo, auctoritas in « senatu, » dit Cic., *De leg.*, III, 12.

(1) Comme conséquence du système que nous avons adopté précédemment, nous employons comme synonymes les expressions *patrum auctoritas* et *senatûs auctoritas*.

(2) Cic., *De Repub.*, II, 32.

(3) Tite-Live, I, 17.

« priusquam populus suffragium ineat, in incertum
« comitiarum eventum, patres auctores fiunt. »

Cette réforme date, pour les comices législatifs, de
la loi Publilia Philonis, rendue vers la fin du
IVe siècle (1).

Quelle portée doit-on accorder à cette *auctoritas*,
dans le cas où elle suit le vote de la loi? On a soutenu (2) que le droit de sanction dévolu aux *patres*
n'existait que quand la loi était entachée d'un vice
constitutionnel (3); mais il nous paraît impossible de
restreindre dans des limites aussi étroites les pouvoirs du Sénat. L'histoire romaine nous cite des cas
dans lesquels le Sénat menaçait de refuser son *auctoritas* (4), bien que le vote du peuple fut régulier;
tandis que dans une autre circonstance il sanctionnait une loi rendue dans un camp, et qui était certainement inconstitutionnelle (5).

Le Sénat ne peut qu'accepter ou refuser en bloc
toute la loi qui lui est soumise, il n'a pas plus que
les comices le droit d'amendement. Aussi, pour éviter qu'une disposition particulière de la loi ne fût le
prétexte d'un rejet total, les magistrats ont-ils pris

---

(1) Cic., *Brut.*, 14.

(2) Mommsen, *Röm. Forsch.*, I, 241.

(3) Dans le cas où existait un vice de forme, le Sénat avait certainement le droit d'annuler la loi rendue (*rescindere, religere*). Marquardt, *Handb.*, II, 3, p. 115. — Cic., *Pr. dom.*, 15, 40.

(4) Tite-Live, VI, 42. — Cic., *Brut.*, 14.

(5) Tite-Live, VII, 16.

soin de consulter d'avance le Sénat, et de s'assurer que le projet qu'ils présentent ne soulèvera de sa part aucune opposition.

Ce fut sans doute la procédure suivie généralement; car c'est la seule manière de comprendre que les auteurs anciens mentionnent l'avis du Sénat, soit avant, soit après le vote du peuple (1). Denys d'Halicarnasse, en parlant d'une époque à laquelle la *patrum auctoritas* était certainement requise, confond l'avis préalable (προβούλευμα) qui était en somme un sénatus-consulte avec l'approbation postérieure (ἐπικύρωσις).

Dans quel cas ce droit de sanction du Sénat est-il exercé, vis-à-vis des lois curiates et centuriates?

Pour les comices curiates de la période royale, le fait est affirmé par Tite-Live, qui constate que les pouvoirs de Servius Tullius et de Tarquin le Superbe étaient irréguliers, parce que leur élection ne résultait pas de l'accord du peuple et du Sénat (2). On ne sait si à la fin de la République l'*auctoritas* est encore exigée, l'histoire n'en parle pas. Du reste, à cette époque, le rôle des comices curiates est bien effacé, il se borne presque au vote de la *lex curiata de imperio*, pour laquelle le peuple est remplacé par 30 licteurs.

---

(1) « Brutus ex senatus consulto ad populum tulit ut omnes Tar
« quiniæ gentis exules essent. » Tite-Live, II, 2.

(2) Tite-Live, I, 47, 49.

Pour les comices par centuries, l'*auctoritas pa-trum* est toujours exigée au dire de Tite-Live. Il ne faut pas s'étonner qu'elle ne leur ait jamais été refusée car, si parmi ces lois, certaines sont favorables au patriciat (telles sont celles qui créent de nouvelles magistratures patriciennes, comme la dictature, *magisterium equitum*, la censure, la préture avec l'édilité curale); d'autres ressortissent du droit privé et du droit criminel et sont par suite une atteinte, non aux droits de leur caste, mais aux pouvoirs des consuls, (restriction de l'*imperium* consulaire, institution de la préture, diminution de la durée des pouvoirs des censeurs, etc.) (1). Certaines lois pourtant sont franchement favorables à la plèbe, telles sont celles qui instituent le tribunat et l'édilité de la plèbe (2), les lois *Valeria* et *Horatia* sur les plébiscites (3), et enfin, la loi *Publilia* donnant l'accès de la censure aux plébéiens. On peut être surpris que le Sénat ait donné son approbation à ces dernières lois ; mais cela s'explique pour chacune d'elles par des motifs tout particuliers. Ainsi, la loi qui institue le tribunat a été une transaction, après la retraite de la plèbe sur le Mont-Sacré.

Il n'y a donc que la loi *Publilia* dont l'acceptation par le Sénat ne se comprenne pas aussi aisément.

____

(1) Tite-Live, VI, 24. — *Lex Æmilia*, en 433.

(2) Tite-Live, II, 33. — Denys, VI, 45-90.

(3) La *patrum auctoritas* accordée pour cette loi est mentionnée dans Tite-Live, III, 59.

Mais il suffit pour l'expliquer de remarquer que c'est cette même loi qui a établi la règle, d'après laquelle l'autorisation devait désormais précéder le vote de la loi. Or cette réforme n'avait pas pour effet de restreindre la *patrum auctoritas*. A première vue il semble qu'elle est à l'avantage du peuple, qui décide en dernier ressort ; mais, si on veut bien y regarder de plus près, on voit que les pouvoirs des *patres*, loin d'avoir subi une restriction, ont été étendus.

Avant la loi *Publilia*, le Sénat n'avait que le droit d'accepter ou de repousser en bloc les lois qui lui étaient proposées ; tandis qu'il a eu depuis le pouvoir de les amender et c'est seulement après cet examen qu'elles sont soumises au vote des comices.

On voit donc que l'action des *patres*, pour être préalable à la décision du peuple, n'en est pas moins efficace que par le passé, au contraire.

Les lois centuriates continuèrent jusqu'à la fin de la République à être portées *ex patrum auctoritate* ou *ex senatus consulto*.

Nous devons nous demander maintenant quel est le rôle de l'*auctoritas patrum* au regard des plébiscites. La plèbe, avons-nous dit, se réunit pour voter des décisions qui, à l'origine, n'obligent qu'elle seule, et qui, par suite, n'exigent pas la sanction du Sénat. Cependant, nous avons vu qu'elles ont fini par obtenir force de loi vis-à-vis de tout le *populus*, mais seulement à la suite d'une approbation du Sénat. C'est ainsi que des plébiscites agraires ont été renouvelés une dizaine d'années de suite, jusqu'à ce que le Sénat consentît à les approuver (1). Après le vote successif des trois lois *Valeria Horatia*, *Publia Philonis* et *Hortensia*, les plébiscites furent assimilés aux lois. Sont-ils à partir de ce moment soumis à l'*auctoritas senatus?* Les textes latins ne sont pas très explicites sur ce point.

D'après Mommsen, le sénatus-consulte préalable était exigé pour toute *rogatio* portée aux comices par tribus ; mais après la loi *Hortensia* il cessa d'être exigé. Cette opinion peut s'autoriser d'un passage de Denys (2) confirmé par Appien (3), qui déclare que Sylla, dans sa tentative pour soustraire aux tribuns, du peuple le pouvoir législatif, n'avait d'autre but que de restituer au Sénat le droit d'examen qu'il avait à l'origine.

Il nous semble préférable d'admettre que la *rogatio* n'a jamais été obligatoirement précédée d'un vote du Sénat, soit avant, soit après la loi *Hortensia*. Nous connaissons, en effet, un tel nombre (4) de plébiscites votés sans le concours du Sénat, que nous hésitons à

(1) Tite-Live, II, 43, III, 11, 14, 21, 25, 29, 30, 31.

(2) Denys, V, 57 ; VIII, 22 ; X, 26 ; XI, 60, 61.

(3) Appien, *Bell. civ.*, I, 59.

(4) Plébisc. votés *sans* le sénatus-consulte préalable : *De unciario fœnore*, Tite-Live, VII, 16, avant la loi Publilia ; *De tribunis militum et decemv. naval.*, Tite-Live, IX, 30 ; *Olgunien*, Tite-Live, X,

croire à l'existence d'une règle qui aurait pu être aussi impunément violée.

Vers la fin de la République, si l'*auctoritas* n'est pas formellement exigée, il est pourtant vraisemblable qu'elle fut demandée. Nous en avons la preuve dans un passage de Dion Cassius (1) qui nous rapporte que César, pendant son consulat, porta au Sénat un projet de loi *de agro campano dividendo* ; et bien qu'il n'ait pu le faire voter, il le présenta néanmoins au peuple réuni dans ses comices par tribus. Ce procédé ne fut pas cependant considéré comme illégal ; mais les réflexions dont les auteurs accompagnent ce fait, montrent bien que cette façon d'agir était considérée comme anormale.

2° *Des Sénatus-Consultes.*

Nous venons de voir que le Sénat pouvait avoir à concourir à la confection de la loi au moyen d'une approbation tantôt antérieure tantôt postérieure au vote du peuple.

Mais, indépendamment de cette autorité de tutelle, ne doit-on pas lui reconnaître un pouvoir législatif propre ; en un mot, quelle est la portée des sénatus-

---

6 à 9 avant la loi Hortensia ; Tite-Live, XXII, 63, après la loi Hortensia. — Plébiscites votés *après* le sénatus-consulte préalable : V. Tite-Live, IV, 6 ; VI, 41, 42 ; VIII, 21 ; X, 21, avant la loi Hortensia, et XXXV, 7 ; XLII, 21, etc., après la loi Hortensia.

(1) Dion Cass., XXXVIII, 1 et 2.

consultes ? A l'époque classique, on doit admettre qu'ils n'ont pas par eux-mêmes force de loi ; ils ne sont obligatoires que si les magistrats à qui ils sont adressés en assurent l'exécution. Le plus souvent, les sénatus-consultes législatifs n'ont pas un caractère général et définitif. Aussi n'est-il pas rare qu'une loi intervienne pour compléter l'œuvre du Sénat. Ainsi le sénatus-consulte *de ambitu* fut remplacé par la loi *Tullia* (1); de même le sénatus-consulte contre le luxe (2) ne s'adressait qu'aux sénateurs, sans quoi il eut été inutile de voter ensuite une loi dans le même sens applicable à tous les citoyens.

Le Sénat peut bien donner des ordres à ses membres, mais, quand il s'adresse à tout le *populus*, il ne commande pas, il ne peut qu'exprimer des vœux et charger un consul ou un tribun de présenter une loi au peuple. Le magistrat auquel il s'adresse ne se trouve nullement lié par son vote (*placere legem abrogari*).

Il est vrai que certains auteurs sont loin de restreindre dans des limites aussi étroites le pouvoir du Sénat, et assimilent ses votes aux lois elles-mêmes, en leur accordant même force obligatoire pour tous.

On peut invoquer en ce sens les Instituts de Gaïus (I, § 4) qui donnent du sénatus-consulte la définition

---

(1) Cic., *Pr. Mur.*, 32.
(2) Aul. Gell., 24.

suivante : « Senatus consultum est quod senatus
« jubet atque constituit, idque vicem legis obtinet. »
Mais cette définition, très exacte sous les Empereurs,
est tout à fait erronée à l'époque classique. Ce qui le
prouve surabondamment, c'est le libellé même de
ces décrets ; ils n'ont jamais une forme impérative,
mais expriment un simple avis : « Senatum censere,
« senatui placere, si eis (consulibus) videbitur; etc. »

Mais, objecte-t-on (1), le Sénat vote des lois applicables dans les provinces ; il a donc un pouvoir propre en matière législative. La réponse est facile : ces
décisions ne sont pas des sénatus-consultes, mais
des lois; de plus, elles tirent toute leur force obligatoire, non du vote du Sénat, mais de l'*imperium* du
magistrat qui les promulgue dans sa province.

Dans les dernières années de la République le Sénat s'est arrogé le droit de voter le *senatus consultum ultimum* (2) quand les circonstances l'exigent.
Cette mesure est certainement illégale, car aucune
loi n'a jamais autorisé le Sénat à suspendre l'exécution des lois. Mais il est des circonstances qui légi-
timent les procédés les plus illégaux, quand ils ont
pour but unique le salut de l'État. « Salus populi
« suprema lex esto (3). »

En dehors de ces hypothèses tout à fait spéciales,

---

(1) Lange. II. 408-409.

(2) C'est la formule célèbre : « Videant consules, prætores, tri-
« buni, etc., ne quid detrimenti Respublica capiat. »

(3) Cic., *De leg.*, III, 3.

la *solutio lege* appartient au peuple. Il en est ainsi à peu près jusqu'à l'époque des Gracques ; la dispense d'une loi est votée *ex senatûs auctoritate* par un plébiscite ; mais plus tard, le Sénat se passe volontiers de la ratification de la plèbe. Aussi le tribun Cornélius propose-t-il, en 67, un projet de loi : *ne quis nisi per populum legibus solveretur*. Sur les observations du Sénat, le tribun consent toutefois à lui réserver l'initiative de ces lois, à la condition que le sénatus-consulte soit voté par 200 sénateurs au moins, et que le droit d'intercession ne soit pas exercé par les magistrats.

Telle est la procédure suivie dès lors jusqu'à la fin de la République.

La même règle doit être appliquée quand il s'agit, non plus d'une dispense de loi, mais d'une dérogation temporaire à une loi (1).

Avant d'arriver à l'Empire, nous devons examiner rapidement quelle fut la situation faite au Sénat, dans les dernières années de la République.

Sous la dictature de César, le Sénat perd à peu près toute l'influence qu'il a eue jusqu'alors sur la politique générale de l'Etat; cependant, nous ne trouvons pas de dérogation bien formelle à ses droits en matière législative.

Quelques lois, en très petit nombre, sont votées par

---

(1) Tite-Live cite un plébiscite rendu *ex auctoritate patrum* pour déroger à la loi qui défendait la réélection d'un citoyen au consulat, pour le temps que l'ennemi serait en Italie (XXVII, 6).

les comices centuriates, et rien ne nous donne à penser que le Sénat n'a pas été préalablement consulté. Toutes les lois *Julia* sont par contre votées par les tribus, et dès lors affranchies de la *patrum auctoritas* (1).

Indépendamment de ces lois, nous connaissons un très grand nombre de sénatus-consultes qui ont surtout pour objet de concentrer tous les pouvoirs entre les mains de César. Il est probable qu'ils étaient confirmés par le peuple, autant qu'on peut le conjecturer d'après un passage de Suétone : « Ex omnibus « decretis a senatu populoque honoribus (2). »

Après la mort de César, les premières lois que le consul Antoine fait voter sont soumises à l'approbation préalable du Sénat. Telle est, en particulier, celle qui abolit à jamais la dictature, et qui confirme les *acta Cæsaris* (*lex Antonia de actis Cæsaris confirmandis*). Mais bientôt, Antoine néglige complètement le Sénat, et bien qu'il n'ait à craindre aucune velléité de résistance de sa part, il préfère régner en se servant de la multitude (3).

Bientôt Cæsar Octavien entre en scène ; alors, mais pour un temps seulement, le Sénat reprend son ancien pouvoir, il gouverne seul la République, empiétant même sur les droits du peuple.

---

(1) Dion Cass., XLIII, 25. — Tac., *Ann.*, VI, 22.

(2) Suétone, *Cæs.*, 45.

(3) Cic., *Phil.*, I, 2. — « Mutata omnia : nihil per senatum, « multa et magna per populum, et absente populo et invito. »

Pendant le triumvirat de C. Octavien, Antoine et Lépide toutes les attributions du peuple et du Sénat sont suspendues ; les triumvirs légifèrent presque toujours seuls, le peuple n'intervient presque jamais. Nous ne connaissons aucune loi centuriate votée à cette époque, et en dehors des plébiscites qui élèvent César au rang des dieux, et renouvellent les pouvoirs des triumvirs, on ne peut mentionner que le *plebiscitum Falcidium* sur les successions et les legs (1). D'ailleurs, comme la loi avait formellement dispensé les triumvirs de demander l'avis du Sénat, il n'est pas surprenant qu'on ne trouve dans cette période qu'un nombre si restreint de sénatus-consultes.

Nous touchons à la fin de la République. L'Empire en arrivant au pouvoir va transformer complètement les attributions de ce corps célèbre. Le Sénat après avoir été uniquement, avec des fortunes diverses, le conseil des magistrats, une sorte de tuteur chargé de compléter la loi de son *auctoritas*, va être, pour un temps, une assemblée investie d'un pouvoir législatif propre.

II. — SÉNAT SOUS LES EMPEREURS.

1° *Augmentation des pouvoirs du Sénat.*

Dans la nouvelle constitution monarchique, le Sénat est appelé à remplacer les comices. Les Insti-

---

(1) Dion Cass., XLVIII, 33.

tutes de Justinien (1) reproduisant un fragment de Pomponius, expliquent cette modification dans les pouvoirs du Sénat par cette considération que le peuple romain étant devenu trop nombreux, sa réunion dans ses comices était impossible. Mais il y a là, selon nous, une méprise : le véritable motif qui a fait supprimer les comices est que les Empereurs devaient craindre, non pas précisément l'hostilité de ces assemblées, mais plutôt l'agitation qu'elles causaient dans la ville.

Ce remplacement des comices par le Sénat ne fut pas le résultat d'une loi ou d'un décret; c'est peu à peu que les Empereurs ont effectué ce changement.

Sous Auguste on trouve encore un certain nombre de projets de loi soumis au vote du peuple; ils sont présentés par les consuls, ou, le plus souvent, par l'Empereur agissant alors, soit comme consul, soit comme tribun. Nous ne connaissons que peu de lois votées dans ces conditions; on peut citer cependant la loi *Junia* sur les affranchissements, la loi *Visellia* et la loi *Papia Poppæa* (2).

C'est seulement à partir de Tibère (3) que les sénatus-consultes remplacent les lois d'une façon définitive; c'est à cette époque seulement que l'on

---

(1) Justinien, *Instit.*, I, 2, § 5.

(2) Au dire de Suétone, cette loi souleva une très vive opposition de la part de la classe moyenne. Auguste retira le projet de loi et le représenta après de légères modifications.

(3) De 14 à 37 après J.-C.

peut dire : *non ambigitur senatum jus facere.*

Nous possédons une grande quantité de sénatus-consultes datant de cette époque. (Sénatus-consultes : Velléien, Trébellien, Macédonien, Pégasien, Orfitien, etc.), et portant le nom du magistrat qui en a eu l'initiative. Parfois c'est l'exposé des motifs (*oratio*) qui sert de texte législatif (*orationes Severi, Antonini,* etc.)

Le Sénat peut nous sembler en possession d'un pouvoir très-étendu, puisqu'il succède aux comices qui étaient tout-puissants; il n'en est rien toutefois. Cette assemblée n'a plus aucune indépendance; elle est composée par le prince lui-même, en sa qualité de censeur (*lectio*) ou en vertu de ses pouvoirs quasi-souverains (*allectio*); elle est tout entière à la dévotion de l'Empereur. Celui-ci n'a donc à redouter de sa part aucune velléité de résistance, et si, par hasard, elle venait à se produire, il pourrait la vaincre immédiatement, grâce à sa puissance tribunitienne.

Cet état de choses ne dure pas plus de deux siècles environ. Bien que dans cette période on rencontre encore des sénatus-consultes, le nombre des constitutions impériales est cependant beaucoup plus considérable (1); elles finissent même par devenir l'unique source du droit.

____

(1) Au Code de Justinien on trouve environ cinquante sénatus-consultes, et ils sont tous antérieurs à Alexandre Sévère. Il y a, au contraire, 244 constitutions de Caracalla, 447 d'Alexandre Sévère, etc. V. Blondeau, *Inscr.*, p. 339.

Le prince peut employer deux procédés différents pour légiférer : il promulgue ses décisions dans la forme des lois précédemment soumises aux comices (*lex data*), ou bien il les insère dans une constitution (1). Le premier est un souvenir des anciennes institutions romaines ; c'est la loi édictée par un général, en vertu des pouvoirs que lui confère l'*imperium*. Mais cette sorte de monuments législatifs est spéciale aux deux premiers siècles de l'Empire ; après cette époque, l'unique source de la loi est la constitution qui, dès lors, prend le nom de *lex*.

2° *Concilium principis*.

Nous avons vu que le Sénat romain perd à la fin du second siècle de l'Empire tout son pouvoir législatif ; les Empereurs cessent complètement de le consulter sur les affaires ressortissant à la législation.

Mais, en même temps que s'abaisse le Sénat, s'élève à côté le *concilium principis* (2) qui hérite d'une partie de ses attributions. Ce conseil, créé par Auguste, puis réorganisé par Tibère (3), n'a pas au début le caractère d'une institution permanente, il n'a aucun caractère officiel.

A partir d'Adrien, ses membres deviennent de vé-

---

(1) Mommsen, *Röm. Staatsr.*, II, p. 828.
(2) Dion Cass., LVI, 28. — Marquardt, *Handb.*, II, 3, p. 230.
(3) Suétone, *Nero*, 15. — *Oct.*, 35.

ritables fonctionnaires investis de fonctions bien définies et délimitées.

Depuis le règne de Dioclétien il porte le nom de *sacrum consistorium*, et son rôle devient très-important. C'est lui qui est chargé de préparer les projets de loi qui, après ratification du Sénat, sont promulgués par l'Empereur.

A partir du IIIe siècle, le Sénat ne peut plus promulguer de sénatus-consultes ; il lui reste néanmoins une part dans la confection de la loi ; l'Empereur peut lui donner connaissance des constitutions qu'il promulgue, il peut aussi, s'il veut donner à l'acte législatif la forme d'une loi, le soumettre à ses délibération. Seulement, l'influence du *sacrum consistorium* est prépondérante, car il prépare la loi et, après son acceptation, il la révise, s'il y a lieu, avant de la faire promulguer par l'Empereur.

Le Sénat n'a donc qu'à émettre un simple avis, dans le cas où on lui demande de se prononcer, c'est à cela que se borne son rôle, bien que Justinien mette encore le sénatus-consulte au nombre des sources du droit à son époque.

DU DROIT DE RÉUNION

HISTORIQUE DU DROIT DE RÉUNION.

Dans les républiques de l'antiquité, les réunions étaient très fréquentes; car les assemblées populaires jouaient dans l'État le rôle d'assemblées délibérantes, le rôle de législateurs. Aussi des peines très sévères étaient-elles portées contre ceux qui s'y introduisaient sans droit : le plus souvent l'étranger qui s'immisçait dans les délibérations était puni de mort pour avoir usurpé la souveraineté. (Montesquieu, *Esp. des lois*, I, 13).

A Athènes, les assemblées (εκκλησίαι) paraissent s'être tenues tout d'abord dans le lieu qui porta le nom d'*Agora*. Centre primitif de la cité naissante, cette vaste place était le rendez-vous général de tous les citoyens, le cœur même de la ville. L'*Agora* devenant trop exigu par suite des bâtiments qu'on y avait élevés peu à peu, un lieu spécial fut destiné à recevoir les assemblées ordinaires. Ce fut le *Pnyx*. On ne sait au juste où il était situé; toujours est-il qu'il était voisin de l'*Agora*, dominant le marché et l'*Acropole*.

Dès le temps de la guerre du Péloponèse, certaines assemblées extraordinaires se tenaient dans le théâtre de Bacchus. Plus tard, le peuple se réunit dans le théâtre, magnifique monument achevé et décoré par Lycurgue. Quel que fût le lieu de ses séances, l'assemblée rendait des décisions sans appel et immédiatement exécutoires.

A l'époque romaine, le peuple ne montait plus au *Pnyx* qu'une fois par an, pour les élections.

C'était également dans les assemblées du peuple que se traitaient à Rome les affaires publiques. Elles portaient alors le nom de *comitia*, elles étaient générales et consacrées au vote des lois et à l'élection des magistrats.

Il y avait d'autres assemblées populaires qui étaient de véritables réunions publiques au sens moderne du mot; on leur donnait le nom de *concilia*.

Mais bientôt, les pouvoirs publics s'émurent du danger que faisaient courir à l'État des réunions tumultueuses, des rassemblements armés, des attroupements sur la voie publique. Des lois restrictives furent portées contre les *concilia* hostiles à la République et à l'Etat; ceux qui en faisaient partie étaient condamnés comme coupables de lèse-majesté. Les réunions qui encombraient la voie publique étaient regardées comme dangereuses, de même que celles qui comprenaient des hommes armés :

« Quo cætus conventusque fiat, hominesve ad seditionem convocentur. » (L. 1, § 1, D. *Ad legem Juliam majestatis*, XLVIII, 4 ; — et L. 3, D. *Ad legem Juliam de vi publicâ*, XLVIII, 6 ; — L. 2, D. *De collegiis et corporibus*, XLVII, 22). Les assemblées qui ne présentaient pas de danger pour la sûreté publique, étaient permises fussent-elles des réunions religieuses : « Sed religionis causâ coire non prohibentur, dum « tamen per hoc non fiat contra senatûs consultum « quo illicita collegia arcentur. » (L. 1, D. *De colleg. et corp.*, XLVII, 22).

Si, abandonnant l'Italie, nous passons les Alpes, nous trouvons des nations qui usent journellement de la faculté de se réunir.

Dans la Germanie la grande institution politique était en effet l'assemblée des hommes libres. Là se faisaient les élections, là se traitaient toutes les affaires touchant à l'intérêt général des tribus : les hommes libres sont tout-puissants dans ces assemblées.

Tacite (*De more Germanorum*) nous donne quelques détails sur leur fonctionnement : aucune loi ne pouvait être établie, ni aucune guerre entreprise sans le consentement de cette assemblée (*de majoribus rebus consultant omnes*).

Tacite se borne à nous dire que tous les guerriers y étaient convoqués, sans indiquer comment se faisait la convocation. Il ajoute que ces assemblées n'ont pas lieu à jour fixe, qu'elles commencent quand on est assez nombreux. Les hommes qui y assistent affectent de mettre peu d'empressement à se rendre exactement au lieu du rendez-vous, comme si l'obligation d'y arriver ponctuellement eût pu porter ombrage à leur liberté. L'assemblée est présidée par un prêtre. Les Germains manifestent leur approbation pour les propositions qui leur sont faites en frappant sur leurs armes; s'ils ont à répondre négativement, ils se contentent de faire entendre un murmure.

En somme il n'y avait là aucune délibération sérieuse; la direction des affaires appartenait en réalité aux chefs; le menu peuple n'avait que le droit de manifester par des cris son approbation ou son mécontentement.

Chez les Gaulois, les Druides et les nobles avaient dans la nation une influence prépondérante. Les assemblées populaires n'y étaient cependant pas inusitées, au témoignage même de César. Les mots *concilium Gallorum* se trouvent plusieurs fois dans ses commentaires.

Il rapporte (*Comm.* I, 30) qu'après sa victoire sur les Helvètes, des envoyés de presque toute la Gaule, des chefs de cités se rendirent auprès de lui pour demander « qu'une assemblée de toute la Gaule fût convoquée, en faisant savoir que c'était la volonté de César qu'elle eût lieu..... Ils fixèrent un jour pour la réunion. »

Les peuples de la Gaule eurent parfois recours à des congrès pour discuter les questions qui les intéressaient tous. Ainsi, en 57, les Belges assemblent un *concilium* pour organiser la lutte contre César. Il faut rapprocher de ces réunions les ligues (*conjurationes*) qui « se tenaient la nuit dans les lieux écartés, au fond des forêts. » Telle fut celle qui eût pour chef Vercingétorix.

Certains auteurs ont voulu voir là plus qu'une réunion populaire : une assemblée légale, régulière, périodique ; mais cette interprétation semble forcer le sens même du texte et se mettre en contradiction avec le reste du récit.

Cherchons maintenant ce que devint, sur le sol de la Gaule conquise par les Germains, l'assemblée des hommes libres.

Sous Clovis et ses premiers successeurs il y a des champs de Mars dont l'objet est la réunion, la revue des hommes d'armes, c'est-à-dire de tous les hommes libres, car ceux-ci étaient tous soldats. Ces assemblées ont surtout pour objet de discuter les entreprises militaires ; aussi, la conquête terminée, elles sont supprimées en fait. Mais bientôt les Francs, anciens chefs de bandes, antrustions ou leudes devenus propriétaires fonciers, ne quittent plus volontiers leurs domaines.

Les constitutions, édits ou décrets émanés des rois francs, à partir de 554 jusqu'au milieu du VIIe siècle, ne font aucune mention de l'assemblée des hommes libres, mais parlent seulement du conseil du roi formé des *Leudes, Grands* et *Fidèles*.

Un édit de Chilpéric signale l'assemblée des hommes libres en ces termes : « Pertractantes in Dei « nomine, cum viris magnificentissimis, optimatibus « vel antrustionibus et *omni populo nostro*, con- « venit. » Malgré l'affirmation de cet édit, il est permis de douter qu'il y ait eu concours effectif du peuple. Le mot *populus* désigne souvent, dans le langage de cette époque, les personnes qui entouraient le roi et l'assistaient dans ses conseils.

Les champs de Mars, assemblées générales des Francs, ont cessé d'exister dès le Ier siècle de la monarchie mérovingienne. Pépin rétablit chez les Francs sous le nom de champ de Mai les assemblées tombées en désuétude ; mais, au lieu d'y appeler tous les hommes libres, il se contente d'y convoquer certaines classes privilégiées : les évêques, les grands, les *optimates*.

Charlemagne, dès son avénement, eut l'idée de les rétablir dans leur forme primitive. Un capitulaire de 769 règle la périodicité de ces réunions. L'assemblée doit avoir lieu deux fois par an : au printemps et à l'automne ; tout le monde est tenu d'y assister, « ut bis in anno ad mallum omnes veniant. »

Mais ce capitulaire est bientôt lettre-morte ; les assemblées nationales sont remplacées par un conseil d'évêques, de comtes et d'*optimates*. Le capitulaire de 803 déclare qu'il faut « ut populus interro- « getur de capitulis. » Mais ce mot *populus* a perdu le sens général qu'il avait à Rome ; il ne comprend que l'aristocratie groupée autour du souverain. C'est avec cette même exception qu'il faut le prendre dans la formule célèbre : « Lex fit consensu populi et con- « sultatione regis. » Telle est aussi l'explication qu'a donnée Montesquieu : « Sous les deux premières races, on assemblait souvent la nation, c'est-à-dire les seigneurs et les évêques. »

Le rôle le plus pratique de ces assemblées était de faire parvenir aux mains du roi les dons annuels, sorte d'impôt que chaque membre remettait lui-même, soit en argent, soit en nature. Le roi avait soin, en effet, dans les lettres de convocation, de rappeler qu'il fallait lui apporter ce tribu *qui était dû*.

Le plus souvent les réunions du champ de Mai avaient lieu à la suite d'une déclaration de guerre ; les hommes libres devaient alors s'y rendre équipés, mais elles pouvaient avoir un but tout pacifique. Le roi parcourait les rangs de l'assemblée, s'entretenait avec les principaux personnages et ceux-ci étaient libres de lui présenter des requêtes.

Le roi pouvait aussi s'adresser à une autre assemblée moins nombreuse, composée d'évêques et de comtes ; elle émettait des avis qui n'avaient rien d'obligatoire pour le souverain, et ne servaient que de simples renseignements.

L'autorité des grands était elle-même bien restreinte au dire de M. Fustel de Coulanges : Une fois au plaid d'Attigny tenu en 822, le chancelier de

Louis-le-Pieux ayant communiqué à l'assemblée le projet de réforme ecclésiastique conçu par le *Maître Empereur* et invité les membres de l'assemblée à dire ce que leur sagacité pouvait suggérer au prince pour obéir à Dieu, l'archevêque de Lyon, Agobar, osa hasarder quelques timides réflexions en faveur des biens d'église. Mais aucun prélat n'appuyant sa proposition, les ministres lui firent une réponse polie et ce fut tout.

Une autre année l'archevêque vint au plaid avec l'intention d'obtenir un édit contre les Juifs. Ce fut seulement lorsque l'assemblée eut été congédiée qu'il obtint des ministres et de l'empereur un simulacre d'audience : « Vestra suavissima dilectio », écrivait-il aux ministres, « audivit me muscitantem po-« tius quam loquentem », et il ajoute : « Quand « j'eus fini de parler vous vous levâtes, je vous sui-« vis ; vous vous rendîtes dans le cabinet de l'em-« pereur ; je restai à la porte ; puis vous me fîtes « signe d'entrer ; mais je n'entendis rien de la bou-« che du prince, si ce n'est la permission de me re-« tirer. »

Ce détail montre quel pouvait être sur l'empereur l'influence d'un simple citoyen dans ces assemblées, quand un personnage osait à peine balbutier quelques mots devant son souverain.

On peut lire également, pour se faire une idée exacte de la portée de ces assemblées, la lettre écrite en 882 (68 ans après la mort de Charlemage) par le

célèbre Hincmar, archevêque de Reims, à la demande
de quelques grands du royaume chargés du gouvernement de Carloman, l'un des fils de Louis-le-Bègue.
Hincmar ne fait autre chose que recopier un traité
de la règle du palais (*De ordine palatii*), écrite
avant 826 par le célèbre Adalhard, abbé de Corbie,
conseiller de Charlemagne.

« C'était l'usage de ce temps, dit Hincmar, de
« tenir chaque année deux assemblées (*placita*) et
« pas davantage.

« La première avait lieu au printemps ; on y
« réglait les affaires générales de tout le royaume...
« Dans cette assemblée se réunissaient tous les grands
« (*majores*), tant ecclésiastiques que laïques ; les
« plus considérables (*seniores*) pour prendre et arrê-
« ter les décisions, les moins considérables (*minores*)
« pour recevoir ces décisions.

« ..... L'autre assemblée, dans laquelle on rece-
« vait les dons généraux du royaume, se tenait
« seulement avec les plus considérables (*seniores*)
« de l'assemblée précédente et les principaux con-
« seillers. On commençait à y traiter les affaires de
« l'année suivante, s'il en était dont il fut nécessaire
« de s'occuper d'avance, comme aussi de celles
« qui pouvaient être survenues dans le cours de
« l'année qui touchait à sa fin et auxquelles il fallait
« pourvoir provisoirement et sans retard..............
« Le prince lui-même, au milieu de la multitude
« venue à l'assemblée générale, était occupé à rece-

« voir les présents, saluant les hommes les plus con-
« sidérables, s'entretenant avec ceux qu'il voyait
« rarement, témoignant aux plus âgés un intérêt
« affectueux, s'égayant avec les plus jeunes......... »

Il résulte de ce passage, que Charlemagne ne reconnaissait à ces assemblées aucune autorité effective sur la marche des affaires; il trouvait seulement,
dans les réunions de ces personnes venues de tous
les points de son vaste empire, des avis qui le ren-
seignaient utilement sur les besoins de ses peuples.

Après Charlemagne, les assemblées populaires
continuent à se réunir fréquemment sous Louis-le-
Débonnaire. Mais sous Charles-le-Chauve elles entrent
en pleine période de décadence, et, dès l'arrivée au
trône de Hugues Capet, elles ont pris fin définitive-
ment. A l'avénement de cette nouvelle dynastie, la
royauté elle-même s'est transformée : ce n'est plus
qu'une seigneurie à peine supérieure aux autres ;
car si le roi a des vassaux ils sont presque aussi puissants que lui, et ils peuvent traiter avec lui sur le
pied d'égalité.

Il faut laisser s'écouler trois siècles environ pour
trouver sous la dynastie des Capétiens des assemblées
générales de la nation (1302). Elles prennent désormais le nom d'Etats généraux ; mais l'étude de ces
assemblées est tout-à-fait en dehors de notre sujet.
Car pour ne pas faire partie intégrante de l'édifice
gouvernemental, elles n'en sont pas moins des assemblées politiques intermittentes, n'ayant rien

de commun avec l'exercice du droit de réunion.

Durant la guerre de cent ans, pendant la période troublée qui suivit la captivité du roi Jean, nous voyons mentionner par des auteurs de grandes réunions populaires. Les historiens et les chroniqueurs nous citent, entre autres, celles qui eurent lieu à Paris à l'instigation du Dauphin, du roi de Navarre Charles-le-Mauvais, et du prévôt des marchands Etienne Marcel.

Après sa réconciliation avec le Dauphin, le roi Charles-le Mauvais rentra en triomphe à Paris ; plus de 200 notables se portèrent à sa rencontre et le conduisirent à St-Germain-des-Prés où il logea. Le lendemain, il fit savoir qu'il parlerait aux gens de la ville. Plus de mille écoliers et bourgeois accoururent au Pré-au-Clercs, contre le mur de l'abbaye St-Germain était adossé un échafaud ; et quand le roi Charles y parut il fut salué par les acclamations de la foule, Froissart dit qu'il *prescha* ; — c'est que les discours de cette époque étaient ornés de citations latines ou bibliques, comme les sermons. Le roi de Navarre parla sur le texte suivant : « Le seigneur est juste et il aime la justice : il voit l'équité devant sa face. » — « Et fut son sermon de justifier son fait et de damner son fait, » disent les *Grandes Chroniques* (VI, 65).

Ce sermon fut si long que commencé à l'heure des vêpres il n'était pas fini à l'heure du souper. L'assistance resta cependant très attentive et très favorable

à l'orateur ; aussi ce dernier encouragé par son succès et par l'absence du Dauphin attaqua vivement
son ennemi. « Et jasait ce que contre le roy ne contre
le duc, il ne déist riens appertement ; toutevoies dist-
il assez de choses deshonnestes et villaines par paroles couvertes. » (*Grandes Chroniques*, VI, 77).

En janvier 1358, le Dauphin voulut, à l'imitation
du roi de Navarre, essayer son pouvoir sur le peuple
de Paris. Pendant que Charles était à Rouen, il fit
annoncer, un beau matin, qu'il se rendait le jour
même aux halles pour y parler « au commun de
Paris ». Il s'y rendit à cheval entouré de peu de personnes « lui sixième ou huitième environ ». Le duc
parla « à grand foison de peuple qui là était ».

Le discours du duc fut fort prisé de la foule. Aussi
Etienne Marcel, pour ne pas la laisser sous l'impression des paroles prononcées par le Dauphin, convoqua
pour le lendemain à St-Jacques de l'Hôpital « grande
foison de gens ». Le duc de Normandie se rendit
aussi à cette réunion populaire ; il voulut même parler le premier. Le chancelier Jean de Dornans porta
la parole pour lui et répéta le discours de la veille.
L'échevin Toussac commençait à répliquer quand le
duc de Normandie se retira, trouvant sans doute
qu'il était peu digne d'un monarque de s'abaisser à
discuter avec ses sujets « et après ce que le dit chan-
« celier ot parlé, Charles Toussac se leva et voult
« parler ; mais il y ot si grant noise que il ne poult
« estre ouï. Si se parti lors monseigneur le duc et sa

« compaignie..... Et assez tôt après que ledit duc fut
« parti, ledit Charles recommença et lors fut oï. »

Après Toussac, Etienne Marcel prit la parole pour
compléter les explications de son échevin.

Une autre grande assemblée fut tenue peu après
par Etienne Marcel : le roi de Navarre l'accompagnait à l'hôtel de ville ainsi que l'évêque de Laon ;
le peuple couvrait la place de Grève ; il était venu
en armes et donnait tous les signes de la plus grande
fermentation. Le roi de Navarre parla le premier,
mais son éloquence ne produisit plus son effet habituel ; Etienne Marcel prêcha en vain la concorde ; le
Navarrais revint une deuxième fois à la charge sans
pouvoir dominer la foule.

En dehors de ces moments de trouble, les réunions étaient encore très fréquentes ; on s'y occupait
non plus d'affaires concernant l'Etat, mais d'intérêts
concernant soit une commune, soit une classe de
citoyens.

Au XVIᶜ siècle, les citoyens avaient la faculté de
s'assembler librement dans maintes circonstances :
dans l'église, par exemple, pour nommer les marguil-
liers ou pour vérifier leurs comptes de gestion ; sur
les places, pour aller aux missions, aux pélerinages,
aux processions.

Ces réunions ont lieu encore au XVIIᶜ siècle dans
un grand nombre de villes ; c'est toujours sur l'ordre du bailli que le trompette ou le sergent d'armes
parcourt les rues pour annoncer l'assemblée. Le

lieu fixé est tantôt un cloître ou un réfectoire de couvent, tantôt un édifice public comme l'hôtel de ville ou la halle, parfois même une place publique. L'assemblée est présidée par le juge royal assisté des officiers municipaux : il expose l'objet de la réunion, le procureur syndic répond au nom du peuple ; finalement la question est débattue puis votée.

En 1632, 800 personnes se réunirent à Marseille, dans le réfectoire des Dominicains, dans le but de modifier la constitution municipale.

En 1629 la peste régnait à Aix : les citoyens furent convoqués sur la place publique pour implorer la miséricorde divine et faire vœu d'une procession annuelle pour obtenir la cessation du fléau.

L'augmentation de la population et les désordres qui signalèrent ces assemblées furent le prétexte de leur suppression dans beaucoup de villes. Dans d'autres, on substitua à l'assemblée générale de tous les habitants une assemblée composée de membres élus par les citoyens.

L'autorité royale qui avait fini par admettre la validité de ces assemblées, tenta parfois d'empêcher les réunions publiques ou privées qui se tenaient hors de la présence du magistrat royal. C'est ainsi qu'un arrêt des Grands Jours du Puy (20 novembre 1666) interdisait les assemblées « ès maisons « privées par des gens monopoles qui par cet ordre « se rendent si puissants dans les communautés que « bien souvent ils la ruinent complètement ce qui

« n'arriverait pas si les réunions se tenaient en des
« lieux publics à cet usage, en présence d'un magis-
« trat royal. »

Les habitants d'Albi furent menacés du crime de
lèse-majesté, pour s'être réunis sans autorisation
dans un couvent.

Un arrêt du conseil de 1717 défendit de se réunir
pour signer des pétitions; mais il est certain qu'il
n'a pas toute la portée qu'on serait tenté de lui donner au premier abord, car, en 1764, on voit des communautés de Troyes se réunir pour adresser au roi
une requête qui fut admise.

Les réunions ou assemblées d'habitants n'étaient
pas spéciales aux cités; elles se tenaient aussi dans
les campagnes mais, en moins grand nombre que
dans les villes. Dans celles-ci, le nombre des habitants et la variété de leurs occupations faisaient
qu'ils se réunissaient en petits groupes, corporations, corps de métiers ; mais les habitants
des campagnes avaient à peu près tous les mêmes
besoins : il leur suffisait de se grouper en communautés. C'était dans des assemblées générales des
habitants que se traitaient les questions touchant
à l'administration des biens communs. Les réunions
se tenaient le plus souvent à l'issue de la messe pa-
roissiale, à la porte de l'église. Le juge local et le
syndic exposaient l'objet de la délibération : le vote
se faisait ensuite, souvent à haute voix. Il est fort

probable que tout le monde pouvait figurer dans ces assemblées de village. Une transaction datée de 1331 énumère tous les habitants d'une localité de Bourgogne qui y sont intervenus : étaient présents tous ceux qui le voulaient, le devaient, le pouvaient. « Présens touz ces qui hont vouluy, dehu et « pehu estre devant l'église de la ville d'Ahuist le di- « manche après la Saint-Nicholas d'iver, à l'ore de la « messe parroichaule.... » Des femmes, des veuves, des filles, sont citées dans l'acte parmi les contractants; mais, le plus souvent, les hommes y figurent seuls.

Une charte de 1415 permet aux hommes du village de Couchey de s'assembler pour délibérer sur leurs négoces et sur les affaires de l'Eglise, en présence des officiers du seigneur « suivant la forme et ma- nière ancienne et accoutumée. » Il y a là une preuve de l'ancienneté de ces assemblées et un argument pour ceux qui les font remonter jusqu'en plein moyen-âge.

Le pouvoir royal n'apportait en général aucune contrainte au libre fonctionnement de ces assemblées; mais il ne faudrait pas en conclure qu'il reconnût là l'exercice d'un droit pour les citoyens; il ne les prohibait pas parce qu'il les considérait comme inof- fensives. Il se contentait de surveiller et d'interdire les réunions qu'il croyait dangereuses, celles qui étaient faites « à mauvais dessein et dans un certain nombre. » Le pouvoir royal décidait d'ailleurs souverainement la question de savoir si le *dessein* était bon ou mauvais; le droit de réunion était donc, en fait, à sa discrétion, et ses prohibitions n'avaient, le plus souvent, qu'un caractère local. Sous Philippe IV, un mandement au prévôt de Paris défend à toutes personnes de faire des assemblées publiques ou occultes, jour ou nuit, en plus grand nombre que cinq, sous peine de prison (28 avril 1305). — Sous Jean II, une ordonnance portait défense aux nobles de s'assembler et se réunir pour se faire la guerre entre eux (5 octobre 1361). — Sous Charles VII, défense spéciale est faite, à l'Université de Paris, de convoquer des assemblées du peuple. — On peut encore citer des lettres royaux aux dates suivantes : 6 avril 1407; 15 juillet 1410-30 août 1410 et 9 mai, 6 juin, juillet, 5 août et 22 octobre 1413.

Une ordonnance de Louis XI (24 mars 1478), adressée aux maire et échevins d'Angers, vise les assemblées nocturnes et la répression des jureurs, blasphémateurs et gens de mauvaise vie.

Pendant les règnes qui suivent, on peut citer, parmi les ordonnances les plus importantes, celles des 25 novembre 1483, juin 1559, 10 septembre 1610, 14 mai et 18 juillet 1724.

Le crime d'assemblée illicite était un *cas royal* dont la connaissance était réservée aux bailliages, aux sénéchaussées et aux présidiaux (voy. l'art. 11, titre I, de l'Ordonnance de 1670). Jousse, dans le commentaire de cet article, explique comment une assemblée, « quoique faite sans port d'armes », peut être dangereuse. « La raison en est, dit-il, que toutes assemblées illicites sont défendues comme pouvant tendre à troubler le repos de l'État et de l'Église, par conséquent il y a là un cas royal. »

L'art. 12 prévoit le cas où l'assemblée est armée :

« Art. 12. — Les prévosts de nos cousins les maréchaux de France, les lieutenants criminels de robe courte..... connoistront..... des assemblées illicites avec port d'armes. »

La jurisprudence ne cessa pourtant de proclamer que toute assemblée, qui ne se faisait pas dans le dessein de porter aucun trouble, ne devait pas être punie.

Néanmoins, cette liberté de fait était considérée par les jurisconsultes, non comme dérivant du droit positif, mais de la tolérance de l'autorité. Cela ressort bien du passage de Pothier : « Les assemblées illi-
« cites appartiennent aussi au crime de lèse-majesté ;
« car, nul corps ne pouvant se former, nulle assem-
« blée ne pouvant se tenir sans l'autorité du souve-
« rain, c'est un attentat à cette autorité et une usur-
« pation des droits du souverain, que de tenir des
« assemblées sans son autorité et sous quelque pré-
« texto que ce soit. »

Les tribunaux finirent eux-mêmes par restreindre de plus en plus la liberté des assemblées.

En 1760, le Parlement ayant été informé qu'il existait dans son ressort différentes congrégations et associations, chargea MM. les gens du roi d'une enquête. L'avocat général Joly de Fleury s'exprima en ces termes dans son réquisitoire : « Toute assemblée « qui n'est pas autorisée par le souverain..... donne « lieu à des soupçons légitimes que la police a intérêt « à vérifier, et présente toujours une matière ouverte « à des inquiétudes qu'il est du bon ordre d'écarter. »

Après ces conclusions, le Parlement rendit un arrêt dont nous détachons cette phrase :

« La Cour..... fait inhibition et défense à toutes « personnes, de quelque qualité et condition qu'elles « soient, de former aucunes assemblées illicites, ni « confrairies, congrégations ou associations, sans « l'expresse permission du roi et lettres patentes vé- « rifiées en la Cour..... etc. »

On peut, de cet arrêt, rapprocher une autre décision du Parlement, qui montre bien la tendance et l'esprit de la jurisprudence au XVIIIe siècle. Cet arrêt, en date du 7 septembre 1778, rendant exécutoire une sentence de police de la ville de Lyon, « fai- « sait défenses à toutes personnes, de quelque qualité « et condition qu'elles fussent, de s'assembler ou « s'attrouper dans la ville, faubourgs et banlieue, « sans y être autorisées....., défendait particulière- « ment à tous ouvriers de former, avoir ni entretenir, « aucune association....., sous prétexte de se con- « naître, de se placer, de s'aider..... »

A partir de 1789, le droit de réunion entre dans

une phase nouvelle et va être réglementé ; nous allons le voir successivement accordé largement, restreint, puis rigoureusement refusé. « L'histoire du droit de « réunion, disait M. Garnier Pagès, dans la séance du « Corps législatif du 12 mars 1868, c'est toute l'his- « toire de nos révolutions et de nos réactions. »

Le premier monument législatif qu'on rencontre après la réunion de l'Assemblée constituante est le décret du 14 décembre 1789, rendu au rapport de Targé. L'art. 62 est ainsi conçu :

« Art. 62. — Les citoyens actifs ont le droit de se « réunir paisiblement et sans armes en assemblées « particulières, pour rédiger des adresses ou des « pétitions, soit au corps municipal, soit aux admi- « nistrations de département et de district, soit au « Corps législatif, soit au roi, sous la condition de « donner avis aux officiers municipaux du temps et « du lieu de ces assemblées..... »

L'instruction de l'Assemblée nationale à la date des 12, 20 août 1790 ne fait que répéter ces disposi- tions dans son § VIII, art. 3.

De nombreuses sociétés se formèrent aussitôt ; des tentatives d'affiliation qu'elles firent dans quelques régiments provoquèrent un décret des 19-20 sep- tembre 1790 qui défendait « à l'avenir à toute asso- « ciation ou corporation, d'entretenir sous aucun « prétexte des correspondances avec les régiments « français, suisses et étrangers qui composent l'ar- « mée » sous peine d'être considérée comme perturbatrice du repos public et poursuivie comme telle.

L'Assemblée nationale avait eu en vue de sauvegarder la discipline militaire, mais non pas de porter atteinte au droit des citoyens. En effet, par un décret des 13-19 novembre 1790, rendu à l'occasion d'un différend survenu à Dax entre la municipalité et une société populaire, elle reconnut, cette fois encore, le droit pour les citoyens de s'assembler librement ; elle ne contesta même pas aux officiers, sous-officiers et soldats le droit d'assister sans armes aux séances des sociétés « qui s'assemblent paisiblement dans les villes » pourvu que ce fût hors des heures de service militaire. (Décret des 1-8 mai 1791).

A cette époque, les sociétés populaires prirent une telle influence que l'Assemblée reconnut les abus d'un pareil régime et comprit la nécessité d'apporter quelques tempéraments au principe proclamé dans le décret du 13 novembre 1790.

Avec le décret des 18-22 mai 1791 commença une série de mesures restrictives. Les sociétés populaires perdirent le droit de faire des pétitions collectives, d'afficher leurs délibérations sous une forme impersonnelle : « tous les citoyens qui auront coopéré à « une affiche seront tenus de la signer, » sous peine d'une amende de 100 livres.

Le décret des 19-22 juillet 1791, relatif à l'organisation de la police municipale, alla plus loin, et, dans son article 14, exigea une déclaration préalable de ceux qui voulaient former des sociétés ou clubs, —

à peine de 200 livres d'amende la première fois, de 500 en cas de récidive.

La constitution des 3-14 septembre 1791 garantit « la liberté des citoyens de s'assembler paisiblement « et sans armes en satisfaisant aux lois de police. » Les lois de police auxquelles la constitution fait allusion sont : d'abord le décret du 14 décembre 1789 (art. 62) qui exige une déclaration préalable, et de plus les lois des 16-24 août 1790 et 16-22 juillet 1791.

La première de ces deux lois est ainsi conçue (titre XI, art. 3) : « Les objets de police confiés à la « vigilance et à l'autorité des corps municipaux, sont : 1°. . . . .

· « 2° Le soin de réprimer et punir les délits contre « la tranquillité publique, tels que..... le tumulte ex-« cité dans les lieux d'assemblée.....;

« 3° Le maintien du bon ordre dans les endroits « où il se fait de grands rassemblements d'hommes, « tels que foires, marchés, réjouissances et cérémo-« nies publiques, spectacles, cafés, églises et autres « lieux publics. »

La loi des 16-22 juillet 1791 (art. 46) fixe le rôle de la police municipale : elle est chargée du maintien habituel de l'ordre et de la tranquillité de chaque lieu, et, à cet effet, elle peut prendre des arrêtés pour ordonner des mesures de précaution sur les objets confiés à sa vigilance et à son autorité.

L'Assemblée constituante fit encore d'autres efforts pour s'opposer à l'action envahissante des clubs. Elle rendit, les 29 et 30 septembre et 19 octobre 1791, un décret pour défendre aux sociétés populaires de mander à leur barre un fonctionnaire public ou un simple citoyen, et d'apporter obstacle aux actes de l'autorité. En outre, elle prohiba les pétitions en nom collectif, les députations et les adresses des clubs, leur assistance collective aux cérémonies publiques, la publication de leurs débats et en général tous les actes où ces sociétés paraissaient avec les formes de l'existence politique. Afin de ne pas laisser planer de doutes sur l'esprit qui avait dicté ce décret, l'Assemblée décida que le rapport de son comité de constitution y serait annexé. De ce document nous extrayons les lignes suivantes, qui démontrent d'une façon très nette où finit le droit des citoyens, où commence le droit de l'État :

« Dans un pays libre, lorsqu'une constitution fon-
« dée sur les droits de l'homme a créé une patrie,
« un sentiment cher et profond attache à la Répu-
« blique tous les habitants de l'empire ; c'est un be-
« soin de s'en occuper et d'en parler ; loin d'éteindre
« et de comprimer ce feu sacré, il faut que toutes les
« institutions sociales contribuent à l'entretenir.

« Mais, à côté de cet intérêt général se placent les
« maximes de l'ordre public et les principes du gou-
« vernement représentatif.

« Les sociétés, les réunions paisibles des citoyens,
« les clubs sont inaperçus dans l'État. Sortent-ils de
« la situation privée où les place la constitution, ils

« s'élèvent contre elle, ils la détruisent au lieu de la
« défendre. »

Ce décret si modéré dans ses termes, si juste dans
son objet, puisqu'il ne tendait qu'à faire perdre aux
clubs le pouvoir qu'ils avaient usurpé, n'eut d'ailleurs
pas une longue durée. Le règne de la Convention arriva, et avec lui la proclamation du droit de réunion
et d'association, par le décret du 13 juin 1793, confirmé par l'acte constitutionnel du 24 juin 1793
(art. 7) :

« Le droit de manifester sa pensée et ses opinions
« soit par la voie de la presse, soit de toute autre ma-
« nière, le droit de s'assembler paisiblement, le libre
« exercice des cultes ne peuvent être interdits. La
« nécessité d'énoncer ces droits suppose ou la pré-
« sence ou le souvenir récent du despotisme. »

Un décret du 25 juillet suivant vint compléter celui du 24 juin en portant des peines très sévères
contre ceux qui empêcheraient les sociétés populaires de se réunir ou tenteraient de les dissoudre.
La peine était de cinq ou dix années de fers, suivant
que le coupable était un citoyen ou un fonctionnaire
public.

Déjà, avant le 9 thermidor, une loi apporta une
première restriction au principe de la liberté absolue
des réunions en interdisant les clubs et sociétés de
femmes. [Décret du 9 brumaire an II (30 octobre
1793)].

Il est bon de rappeler dans quelles circonstances

a été rendu ce décret : la chute des Girondins était consommée ; le lendemain (31 octobre 1793) 22 de ses chefs montaient à l'échafaud.

Après la chute de Robespierre, le mouvement s'accentue. Le 25 vendémiaire an III (16 octobre 1794), un décret défend toutes affiliations, agrégations, fédérations ainsi que toutes correspondances en nom collectif entre sociétés. Ce décret, qui interdisait les sociétés populaires, se ramifiant sur toute l'étendue de la France, n'alla pas jusqu'à interdire toutes les réunions. Les clubs isolés purent toujours tenir séance, à la condition cependant, de dresser un tableau des noms de leurs membres, de l'envoyer à l'administration municipale et d'en afficher une copie dans la salle des séances de la municipalité. Peu de temps après le club des Jacobins fut fermé (20 brumaire).

C'est sur ces entrefaites que fut votée la nouvelle constitution, celle du 5 fructidor an III (22 août 1795) :

« Art. 360. — Il ne peut être formé de corpora-
« tions ni d'associations contraires à l'ordre pu-
« blic.

« Art. 361. — Aucune assemblée de citoyens ne
« peut se qualifier société populaire.

« Art. 362. — Aucune société particulière s'occu-
« pant de questions politiques ne peut correspondre
« avec aucune autre, ni s'affilier à elle, ni tenir des
« séances publiques composées de sociétaires et d'as-

« sistants distingués les uns des autres, ni imposer
« des conditions d'admission et d'éligibilité, ni s'ar-
« roger des droits d'exclusion, ni faire porter à ses
« membres aucun signe extérieur de leur associa-
« tion.

« Art. 363. — Les citoyens ne peuvent exercer
« leurs droits politiques que dans les assemblées pri-
« maires ou communales. »

Le législateur de la Constitution de l'an III, frappé
des abus du régime sous lequel il vivait, avait
voulu empêcher des sociétés sans mandat de s'im-
miscer dans les droits des pouvoirs constitués. Cela
explique les dispositions de ces articles : toutes les
défenses qui y sont faites sont la négation des droits
qui avaient été précédemment reconnus aux sociétés
populaires. L'art. 360 permettait de dissoudre les
clubs qui étaient contraires à l'ordre public. Aussi,
le lendemain de la promulgation de la Constitution,
un décret prononça la fermeture des clubs ou sociétés
populaires, et ordonna aux départements, aux armées
et aux assemblées primaires de fermer immédiatement la salle de leurs séances.

Le décret du 7 vendémiaire an IV (art. 16, 17, 18),
soumet les réunions en matière religieuse à la double formalité de la déclaration préalable et de la surveillance de l'autorité.

Une loi du 7 thermidor an V déclara « toute so-
« ciété particulière s'occupant de questions politi-
« ques provisoirement défendue. » Les contrevenants

étaient menacés d'être poursuivis comme coupables d'attroupements. Les propriétaires ou principaux locataires des lieux des séances pouvaient être poursuivis et condamnés à trois mois de prison et 1.000 fr. d'amende. C'est dans ce décret que nous trouvons proclamée pour la première fois la responsabilité des propriétaires ou principaux locataires (amende et prison). Cette responsabilité a été maintenue par l'art. 294 du Code pénal et la loi de 1834.

Bientôt arriva le coup d'Etat de fructidor : un décret du Conseil des Anciens annula les élections dans 49 départements. Cette mesure, que ses considérants eux-mêmes qualifiaient d'extraordinaire, était motivée par les circonstances. Elle prononça la fermeture de toute société particulière ayant un objet politique et convaincue d'émettre des opinions hostiles à la Constitution. Ses membres étaient poursuivis et punis conformément à la loi du 7 germinal an IV qui punissait les crimes d'Etat d'une seule peine : la mort (loi du 19 fruct. an V).

Le 24 ventôse an VI, par une mesure générale, le Directoire exécutif supprime les réunions dites *cercles constitutionnels*, considérant, dit l'arrêté, « que la

« plupart des sociétés dites *cercles constitutionnels*
« semblent former des corporations dans l'État; que
« les citoyens qui les composent et agissent collective-
« ment, violent évidemment la Constitution qui ne
« reconnaît d'autre corps, d'autres réunions collec-
« tives que les autorités constituées, — arrête, etc. »

Ainsi, se fondant sur les articles 360 à 364 de la Constitution du 5 fructidor an III, le Directoire était arrivé à supprimer complètement les réunions s'occupant de sujets politiques, et à restreindre dans des limites très étroites le droit de réunion en matière religieuse. Ce n'est pas du premier coup qu'il arriva à ce résultat : il commença par interdire les clubs, puis, provisoirement il défendit aux sociétés politiques de se réunir et supprima enfin tout à fait les cercles constitutionnels, sous prétexte qu'ils violaient la Constitution en présentant des pétitions collectives. Un pareil régime ne s'établit pas sans soulever de nombreuses protestations dans les assemblées législatives et en particulier aux Cinq-Cents.

Denisart présentant une pétition des habitants de Laon dans la séance du quatrième jour complémentaire an X, protesta contre la fermeture des assemblées politiques privées :

« Ouvrez, disait-il, les sociétés politiques ; le peu-
« ple le demande, la Constitution le veut et le bien
« public l'exige.

« Dans ces réunions civiques, les passions géné-
« reuses seront stimulées. On y parlera de la patrie,
« de la liberté ; les âmes s'agrandiront avec les dan-
« gers, l'œil actif et fidèle du maître nous garantira
« des nouveaux abus et des vols publics..... »

D'autres orateurs, tout en reconnaissant les droits des citoyens, invoquaient parallèlement les droits de l'Etat et montraient que l'intérêt général devait l'emporter ici sur l'intérêt individuel.

Dans un discours prononcé au Conseil des Cinq-Cents dans la séance du 2 fructidor an VII, Renault (de l'Orne) défendit le droit des citoyens de se réunir pour parler des affaires publiques, mais sans sacrifier toutefois le droit de l'Etat.

« Le droit de s'assembler pour s'occuper de ques-
« tions politiques, dit-il, est un des premiers droits
« de l'homme en société. » Cependant l'orateur n'hésite pas à admettre que ces réunions peuvent être dangereuses ; il propose donc de considérer comme contraires à l'ordre public, et par suite d'interdire, en vertu de l'art. 360 de la Constitution, certaines sociétés qu'il regarde comme tout particulièrement dangereuses :

« 1° Les sociétés qui correspondent à d'autres so-
« ciétés ou y sont affiliées ;

« 2° Celles qui tiennent des séances publiques
« composées de sociétaires et d'assistants distingués
« les uns des autres ;

« 3° Celles qui imposent des conditions d'admis-
« sion et d'éligibilité ;

« 4° Celles qui font porter à leurs membres un
« signe extérieur de leur association ;

« 5° Celles qui adoptent des formes délibé-
« rantes ;

« 6° Celles qui arrêtent des pétitions ou des adres-
« ses ;

« 7° Celles qui prolongent leurs séances au-delà
« de 10 heures du soir;

« 8° Enfin, celles dont le nombre des membres
« excède, savoir : 400 dans les communes de
« 100.000 habitants; 300 dans les communes au-
« dessous de 100.000 habitants jusqu'à 20.000;
« 200 dans les communes au-dessous de 20.000 ha-
« bitants jusqu'à 10.000; et 150 dans les autres com-
« munes. »

En réalité ces prohibitions portent seulement sur
le droit d'association et nullement sur le droit de réunion, car elles visent toutes des groupes d'individus
réunis en vue d'atteindre un même but, ce qui est le
trait caractéristique des associations.

Le représentant du peuple Chollet (de la Gironde),
dans son discours du 21 fructidor an VII, précisa
davantage cette distinction naissante en exposant
les principes admis comme base par la commission
chargée de présenter un projet de loi sur les sociétés
particulières s'occupant de sujets politiques :

« N'admettre dans ces sociétés que des citoyens
« français ; leur garantir l'exercice paisible du droit
« consacré par la Constitution;

« Enfin ne voir dans la réunion des citoyens com-
« posant ces sociétés qu'un rassemblement d'indivi-
« dus, et non un corps ou une corporation existant
« indépendamment de cette réunion..... »

C'est là distinguer très nettement l'association de
la réunion : la première est formée d'individus qui

mettent en commun leur activité et leurs lumières pour parvenir à un but déterminé ; la seconde se compose de personnes qu'aucune communauté d'intérêt ne lie, et que le hasard seul a réunies pour un instant.

Peu après, le coup d'État du 18 brumaire vint dissoudre les conseils et les projets de loi en préparation n'eurent pas de suite.

Les constitutions consulaires et impériales sont muettes sur le droit de réunion. Le Code pénal organisa un nouveau régime dans les art. 291, 292, 293, 294, sous le titre VII : *Des associations et réunions illicites*. Bien qu'il ne s'agisse ici que des associations et non des réunions publiques, il est utile de connaître l'économie des art. 291-294, car nous verrons plus loin que le décret du 25 mars 1852 a soumis le droit de réunion aux mêmes règles que le droit d'association.

L'art. 291 assujettit à l'autorisation du gouvernement toutes les associations de plus de vingt personnes, dont le but est de se réunir tous les jours, ou à certains jours marqués, pour s'occuper d'objets politiques, religieux ou littéraires. L'art. 292 punit d'une amende de 16 à 20 francs les chefs, directeurs ou administrateurs de l'association non autorisée. Si de plus il a été commis dans le sein de l'assemblée quelque provocation à des crimes ou délits, la peine est de 100 à 300 francs d'amende et de 3 mois à 2 ans de prison (art. 293). Enfin, il faut que l'autorité municipale ait accordé au propriétaire de la salle le droit de la louer à l'association, fût-elle autorisée. La sanction est une amende de 16 à 200 francs (art. 294).

On ne comprend pas tout d'abord pourquoi un propriétaire ne peut louer sans autorisation son immeuble à une société autorisée. La raison est qu'on a voulu permettre aux municipalités d'interdire les réunions que certaines circonstances, spéciales à la commune, rendent particulièrement dangereuses pour l'ordre public.

Ainsi donc, le système du Code est la prévention prohibitive exigeant l'autorisation du gouvernement. On était, en effet, trop rapproché de la période révolutionnaire pour avoir perdu le souvenir des abus de ces assemblées qui s'étaient établies pour surveiller le gouvernement et organisaient l'anarchie dans toute la France.

« Il me reste à vous parler, disait le comte Berlier « au Corps législatif, dans la séance du 5 février 1810, « des sociétés ou réunions ayant pour but de s'occu- « per journellement ou périodiquement d'objets reli- « gieux, politiques ou littéraires. . . . .

« Le droit absolu et indéfini qu'aurait la multi- « tude de se réunir pour traiter d'affaires politiques, « religieuses ou autres de cette nature, serait incom- « patible avec notre état politique actuel. »

Le discours prononcé par M. Noailles, dans la

séance du 16 février 1810, au nom de la commission de législation civile et criminelle du Corps législatif, est empreint du même esprit.

« Le gouvernement ne veut pas gêner les associa-
« tions des citoyens dont le but est de s'occuper de
« sujets religieux, politiques ou littéraires, ou de se
« livrer à quelque plaisir, mais il est de son devoir
« de les surveiller. Ainsi, toute réunion de ce genre,
« lorsqu'elle sera de plus de vingt personnes, ne
« pourra se former qu'avec son autorisation et sous
« les conditions préliminaires qu'il trouvera bon de
« leur imposer. »

Une association non autorisée ne devient illicite que si le nombre de ses membres est supérieur à vingt, non compris ceux domiciliés au lieu où elle tient ses séances. Au-dessous de ce chiffre, la société est complètement libre. Ce point ne s'établit pas sans renconter une certaine opposition dans le sein du Conseil d'État ; un membre (M. Molé) fit remarquer que ce n'était pas seulement le nombre des membres qui pouvait rendre une association dange-
reuse, mais encore la position ou le caractère de ceux qui la composent. M. Berlier fit admettre une doctrine plus libérale : l'interdiction de toute espèce d'association quel que fût le nombre des membres eût été par trop sévère, d'autant, ajoutait-il, que
« l'action de se réunir pour parler, même d'objets
« religieux, politiques ou littéraires, est de droit na-
« turel ; et si l'ordre public peut y apporter quelques

« restrictions, elles doivent être renfermées dans de
« sages limites. Dans ce cas même la modération
« est le premier devoir, comme le premier besoin du
« gouvernement. S'il comprime trop, on lui résiste;
« c'est déjà beaucoup que d'introduire dans notre lé-
« gislation une disposition restrictive qui n'y a jamais
« existé; au moins convient-il que le fait simple de
« la réunion sans permission ne commence à être
« considéré comme un délit, que quand le nombre
« de ses sociétaires est assez considérable pour don-
« ner quelque inquiétude au gouvernement, et pour
« produire cet effet on ne saurait admettre un nom-
« bre inférieur à celui qu'exprime l'article. »

Il est à remarquer que le Conseil d'État n'avait
l'intention de viser dans les art. 291 à 294 que les
sociétés s'occupant de questions politiques ou religieuses. Cela résulte d'une observation faite pendant
la séance du Conseil d'État du 5 novembre 1808 par
le prince archichancelier. Il approuvait la loi en tant
qu'elle s'appliquait aux sociétés politiques ou religieuses, les associations de ce genre ayant un rapport très-intime avec la tranquillité publique; mais
elle lui paraissait excessivement dure pour les sociétés littéraires. Sur les observations conformes présentées par Berlier, le Conseil décida « que les effets
« de l'article seraient bornés aux réunions religieuses
« ou politiques. » Le texte ne fut cependant pas modifié, et l'article voté ne faisant pas la distinction
s'applique à toutes les associations.

Le Code pénal ne visant que les associations de plus de vingt personnes, un moyen fort simple s'offrait pour éluder la loi : les sociétés se fractionnèrent en groupes de moins de vingt personnes. Tel fut le détour auquel eurent recours pendant la Restauration, d'abord les ultra-royalistes, ensuite les libéraux : la célèbre société *aide-toi, le ciel t'aidera* adopta au grand jour cette disposition dans sa fameuse campagne électorale, et la Chambre des députés qui vota l'adresse des 221, fut élue sous la pression de semblables associations.

Il faut mentionner l'ordonnance du 5-8 juillet 1820 relative aux écoles de droit et de médecine. Elle défendit aux étudiants d'une même faculté, ou de diverses facultés de même ordre ou non, de former des associations sans avoir, auparavant, obtenu la permission des autorités municipales et donné avis de leur formation au recteur d'académie. Les contraventions à cette ordonnance étaient déférées au conseil de l'instruction publique.

Après la révolution de 1830, le gouvernement se trouvant désarmé vis-à-vis des sociétés qui se fractionnaient pour tourner la loi, déposa un projet de loi qui est devenu la loi du 10 avril 1834. Celle-ci déclarait les art. 291 et 294 du Code pénal applicables aux sociétés de plus de vingt membres se fractionnant en sections de moins de vingt personnes. Le Code ne visait que les associations qui se tenaient à des jours marqués, ce qui permettait d'éluder la loi en tenant les séances à des époques irrégulières et non fixées à l'avance : l'art. 1 de la nouvelle loi rendit ce détour impossible.

Avec la loi de 1834, ce ne sont plus seulement les chefs de l'association qui sont poursuivis, mais encore les simples membres; le maximum de l'amende est porté de 200 à 1.000 fr., et, en cas de récidive, le renvoi sous la surveillance de la haute police est facultatif pour le juge. De plus, l'art. 463 sur les circonstances atténuantes était déclaré inapplicable ici.

Cette loi visait uniquement les associations et laissait tout-à-fait en dehors les réunions; ce point fut mis en lumière d'une façon très-nette dans la discussion parlementaire et fut ensuite incontesté.

Les débats qui précédèrent le vote de la loi furent très longs.

L'opposition se plut à mettre M. Guizot en contradiction avec lui-même; elle rappela que, au lendemain de la révolution de juillet, il avait émis une opinion toute différente de celle qu'il professait alors.

Intervenant à la Chambre des députés dans une discussion sur les associations populaires, M. Guizot, ministre de l'Intérieur, avait très-vivement attaqué le système du Code pénal :

« Je me hâte de le dire, et du fond de ma pensée
« cet art. (291) est mauvais; il ne doit pas figurer
« éternellement dans la législation d'un peuple libre.
« Sans doute, les citoyens ont le droit de se réunir
« pour causer entre eux des affaires politiques. *Il est*

« *bon qu'ils le fassent, et jamais je ne contesterai*
« *ce droit*; jamais je n'essaierai d'atténuer les sen-
« timents généreux qui poussent les citoyens à se
« réunir, à se communiquer leurs sympathiques
« opinions. Le temps viendra, et j'espère qu'il ne
« sera pas long, où l'art. 291 n'étant plus motivé
« par l'état réel de la société, disparaîtra de notre
« Code. »

Ainsi pris à partie, M. Guizot répondit dans la
séance du 13 mars 1834 :

« J'ai dit que l'art. 291 ne figurerait pas éternelle-
« ment dans les lois d'un pays libre; pourquoi ne le
« dirai-je pas aujourd'hui? Il viendra, je l'espère, un
« jour où la France pourra voir l'abolition de cet ar-
« ticle comme un nouveau développement de liberté.
« Mais, jusque-là, il est de la prudence des Chambres
« et de tous les grands pouvoirs publics de mainte-
« nir cet article; il faut même le modifier selon le
« besoin du temps pour qu'il soit efficace contre les
« associations dangereuses d'aujourd'hui. »

La discussion qui dura à la Chambre des députés
du 11 au 24 mars 1834 fut très intéressante. On y
trouve bien nettement établie et formulée pour la
première fois, la distinction entre le droit d'association et le droit de réunion; nous l'avions, il est vrai,
déjà rencontrée, mais timidement énoncée, dans les
discours de Renault et de Chollet aux Cinq-Cents.

Voici comment s'exprimait M. Hervé :

« Jamais on n'a confondu le droit de se réunir avec

« la faculté de s'associer : se réunir, c'est vouloir
« s'éclairer et penser ensemble; s'associer, c'est vou-
« loir se concerter, se compter et agir. La différence
« est immense : le pays et les tribunaux ne sauraient
« s'y tromper. »

Un membre de la Chambre des députés avait proposé un amendement qui consacrait formellement le
droit de réunion; il fut retiré au moment du vote
sur les observations du rapporteur, M. Martin (du
Nord), qui s'exprimait en ces termes :

« Les réunions et les associations ne doivent pas
« être confondues..... Les réunions ont pour cause
« des événements imprévus, instantanés, tempo-
« raires; le motif venant à cesser, la réunion cesse
« avec lui. Les associations, au contraire, ont un but
« déterminé et permanent, un lien unit entre eux les
« associés..... Jusqu'à présent, personne n'a pensé
« que les réunions eussent été atteintes par l'art. 291.
« Ne craignez pas qu'elles le soient davantage par la
« loi que nous discutons. »

Un autre amendement, présenté par M. Legrand,
demandait que les réunions électorales, bien que non
qualifiées d'associations par la loi, fussent déclarées
licites après l'ordonnance de convocation du collège;
à moins qu'il n'y eût affiliation avec d'autres réunions de même nature dans d'autres départements.
Cet amendement fut combattu en ces termes par le
Garde des Sceaux : « Nous faisons, dit-il, une loi
« contre les associations et non pas une loi contre les

« réunions accidentelles et temporaires qui auraient
« pour objet l'exercice d'un droit constitutionnel. »
M. Odilon Barrot fit observer qu'une mention formelle des réunions électorales pourrait donner à
penser que les autres sortes de réunions étaient interdites ; mais, en même temps, il ajouta qu'il pre-
nait acte des paroles du ministre, touchant la liberté
du droit de réunion, et se borna à regretter que la
loi n'eût pas défini l'association.

On proposa encore d'excepter les réunions formées
pour l'exercice d'un culte quelconque. Le Garde des
Sceaux combattit cette motion ; il reconnut que la
charte permettait les réunions pour le culte, sauf à
lse conformer aux lois existantes, en ce qui concerne
'ordre extérieur (loi du 7 vendémiaire, an IV, art. 17);
mais revendiqua, pour le gouvernement, le droit de
les interdire si elles contrevenaient à d'autres lois
spéciales, par exemple, à la loi sur les associations.
Il craignait de faciliter à un cercle politique le
moyen de se constituer en s'organisant en association religieuse.

« Ainsi, poursuivait le Garde des Sceaux, s'agit-il
« de réunions qui ont seulement pour but le culte à
« rendre à la Divinité et l'exercice de ce culte, la loi
« n'est pas applicable ; nous le déclarons de la façon
« la plus formelle. Mais s'agit-il d'associations qui
« auraient pour objet ou pour prétexte les principes
« religieux, la loi leur est applicable. »

Il semble que ces paroles n'eussent dû laisser place

à aucun doute; cependant, nous voyons se prolonger une controverse qui avait pris naissance sous la Restauration, à propos de la liberté des cultes. Il est nécessaire, pour bien éclairer la question, de remonter à l'époque intermédiaire.

Sous l'empire de la Constitution de l'an III, tous les cultes étaient libres, sous la seule obligation de se conformer aux lois (art. 354); et, pour faciliter la tâche des municipalités dans la surveillance des réunions religieuses, la loi du 7 vendémiaire an IV (art. 17) exigeait une déclaration préalable au lieu de l'exercice du culte.

Après le Concordat du 18 germinal an X qui établissait un nouveau régime, celui de la reconnaissance par l'État d'un certain nombre de cultes, l'art. 291 s'appliqua évidemment aux autres cultes non reconnus.

L'art. 5 des chartes de 1814 et 1830 déclarant que « chacun professe sa religion avec une égale liberté et obtient pour son culte la même protection », on s'est demandé si l'art. 291 était demeuré applicable à une association de plus de vingt personnes formée dans le but, non de traiter de matières religieuses, mais de pratiquer en commun un culte.

On a soutenu devant les tribunaux que l'autorisation exigée par l'art. 291 était contraire au principe proclamé par la charte; qu'il suffisait de faire à la municipalité la déclaration exigée par l'art. 17 de la loi du 7 vendémiaire an IV, sans distinguer entre les cultes reconnus et ceux qui ne l'étaient pas.

Cette doctrine a été défendue, avec une grande élévation à la Cour de cassation, par M. le procureur général Dupin. Il montra qu'il y avait contradiction à proclamer dans l'art. 5 de la charte, que la liberté était également concédée à tous les cultes, pour venir ensuite, sous prétexte de mesures de police, annihiler complètement ce droit : « A quoi « servirait, je vous prie, une liberté proclamée si « vous refusez le moyen d'en jouir. Il sera permis « d'exercer son culte, mais il sera, en même temps, « défendu de l'exercer nulle part! Il sera interdit de « l'exercer dans les rues et sur les places publiques, « cela choquerait les croyances; et, quand vous « demanderez à l'exercer dans un édifice quelconque, « on ne vous le permettra pas! Ne serait-ce pas une « dérision qu'une telle liberté, et, l'obligation ainsi « imposée d'obtenir une permission pour célébrer « son culte, ne produirait-elle pas le même effet que « la censure préalable appliquée à la liberté de la « presse?

. . . .

« Messieurs, qu'il me soit permis d'invoquer devant « vous les paroles du chancelier de l'Hôpital, dont « l'autorité, si grande en toutes matières, l'est sur- « tout quand il s'agit de liberté de conscience et de « tolérance religieuse! De son temps on avait essayé « de donner et de retenir en fait la liberté; il sem- « blait que l'on eût tout fait pour les religionnaires

« en proclamant la liberté de conscience sans la
« garantir, et le vertueux chancelier de s'écrier que
« si l'on veut borner la liberté des hommes à de si
« étroites barres que la religion et l'âme n'y soient
« pas comprises, c'est pervertir malignement le mot
« et la chose même, car la liberté seule n'est point
« liberté. »

Cette doctrine fut constamment repoussée par la
jurisprudence de la Cour de cassation, qui ne considérait pas l'art. 291 comme inconciliable avec l'art. 5
de la charte, et qui estimait que l'ordre public était
très vivement intéressé à ce que des associations religieuses ou prétendues telles ne pussent, sans la permission du gouvernement, élever partout où il leur
plairait une chaire ou un autel.

Après 13 jours de discussion, le projet de loi
présenté par le gouvernement fut voté, à la Chambre des députés, par 246 voix contre 154 (24 mars
1834). Le 25, il fut présenté à la Chambre des
Pairs; le rapport de M. Girod de l'Ain fut discuté le
8 avril, et le vote eut lieu le 9 avril, par 127 voix
contre 22.

M. Girod insista sur la distinction entre la réunion
et l'association et, rapportant les paroles que le
Garde des Sceaux avait prononcées à la Chambre
des députés, déclara qu'elles formaient le commentaire officiel et inséparable de la loi. M. Rœderer reconnut également que la loi ne visait « que les associations formant un Etat dans l'Etat et qui, suivant

l'expression de Mathieu Molé, placent un corps vivant dans le cœur de la nation. »

Les réunions n'étant pas régies par les articles 291 à 294 et la loi de 1834, il en résultait qu'un maire ne pouvait interdire une réunion de plus de 20 personnes ; il n'avait que le droit de surveillance générale qui lui incombe en vertu de la loi municipale. On peut consulter, à ce propos, deux arrêts de la Cour de cassation du 14 février 1835 et du 16 août 1834 ; ce dernier établit pour la première fois la distinction, aujourd'hui classique, entre les réunions publiques et les réunions privées.

Pendant quelques années la pratique fut conforme à la déclaration ministérielle ; mais, quand le ministère voulut entraver la campagne des banquets réformistes, la question revint à l'ordre du jour.

De l'aveu de tous, la loi de 1834 était inapplicable. Aussi, pour se donner le moyen d'interdire le banquet du XIIe arrondissement, le gouvernement alla chercher des armes dans l'arsenal de lois que la Révolution nous a légué.

La loi du 13-19 novembre 1790 déclarait « que les citoyens ont le droit de s'assembler paisiblement, à la charge d'observer les lois. » Le Préfet de police puisa dans ces derniers mots le pouvoir d'interdiction que les lois des 13-19 novembre 1790, 17-22 juillet 1791, et l'arrêté consulaire du 12 messidor an VIII accordent aux municipalités.

La loi des 22 décembre-10 janvier 1790 (titre III,

art. 2) charge les préfets de « veiller à la tranquillité publique »; la loi des 16-24 août 1790 (titre III, art. 5) réglant les devoirs des officiers municipaux leur confie « le maintien du bon ordre dans les endroits où il se fait de grands rassemblements d'hommes tels que les foires, marchés, réjouissances, cérémonies publiques, spectacles, jeux, cafés, églises *et autres lieux publics*. » L'arrêté consulaire donne au préfet de police à Paris le droit de prendre des mesures propres à empêcher ou prévenir les réunions tumultueuses ou menaçant la tranquillité publique. De plus, les lois des 19-22 juillet 1791 (t. 1, art. 46) et du 18 juillet 1837 (art. 11) autorisent les maires à prendre des arrêtés réglementaires sur les objets confiés par les lois à leur vigilance et à leur autorité. Ainsi, sans contester en principe le droit de réunion, on arrivait en pratique à l'annihiler sous prétexte de mesures de police.

L'opposition interpella les ministres sur l'interprétation donnée à la loi de 1790. Son orateur, M. de Maleville, soutint que le gouvernement n'avait pas le droit de défendre les réunions publiques si les organisateurs avaient pris soin de prévenir l'autorité municipale : attendu qu'ils s'étaient par là conformés à l'article 62 du décret du 14 décembre 1789 qui exige une déclaration préalable. Le ministre de l'Intérieur, M. Duchâtel, répondant à l'interpellation s'exprimait en ces termes :

« Il a été reconnu de tout temps que la loi de 1791

« qui donne à l'autorité municipale le droit de faire
« des règlements sur les objets compris dans le titre
« correspondant de la loi de 1790, implique pour
« l'autorité le droit de s'opposer aux réunions, quand
« ces réunions paraissent devoir être dangereuses
« pour l'ordre public, et cela est tout simple : la loi
« ne peut admettre sans contrôle, sans aucune es-
« pèce de précaution de la part de l'autorité, ce droit
« exorbitant d'établir partout des réunions politi-
« ques, d'ouvrir des clubs, de semer partout l'agita-
« tion. »

M. Odilon Barrot insista sur la confusion que venait de faire le ministre de l'Intérieur en citant les
lois de la Révolution. La loi du 21 août 1790 charge
en effet l'autorité municipale du maintien de l'ordre ;
ce n'est que par suite d'un abus que la jurisprudence en a conclu le droit, pour les maires, d'interdire une réunion publique : « Je maintiens, dit
« M. O. Barrot, que si vous subordonnez ce droit à
« la faculté arbitraire de police ; de permettre ou de
« ne pas permettre la réunion, vous faites dégénérer
« toute liberté politique dans ce pays en questions de
« police ; vous mettez la police au-dessus de la
« Charte, vous soumettez à son sceau l'accomplis-
« sement, l'exercice de tous les droits politiques. »

Les députés de l'opposition ne purent, malgré tous
leurs efforts, faire voter dans le projet d'adresse au
Roi leur amendement ainsi conçu :

« Les agitations que soulèvent les passions enne-

« mies ou des entraînements aveugles, tomberont
« devant la raison publique éclairée par nos libres
« discussions, par la manifestation de toutes les
« opinions légitimes. »

M. Ledru-Rollin avait terminé son discours par
cette apostrophe aux ministres :

« Prenez garde! Oui, le droit est pour nous et vous
« ne pouvez le violer sans attirer sur votre tête la
« plus lourde des responsabilités. Tous, nous irons
« jusqu'au bout..... »

L'opposition tint parole ; et la campagne des banquets, qui n'avait pour objectif que le renversement
du ministère, aboutit au renversement de la monarchie de Juillet.

L'opposition arrivant au pouvoir ne put faire autrement que d'appliquer les principes qu'elle avait
défendus ; elle donna donc aux citoyens toute liberté
de se réunir. Une circulaire du ministre de l'Instruction publique, en date du 24 mars, interdit toutefois
la tenue des assemblées populaires dans les églises.
Le 19 avril, le gouvernement provisoire affirma la
liberté du droit de réunion et déclara que les clubs
étaient « pour la République un besoin et pour les
citoyens un droit » ; mais il interdit les délibérations
en armes.

Aussitôt, des clubs s'organisent de tous côtés sur
le modèle de ceux de la Révolution ; les excès de ces
sociétés populaires, la pression qu'elles tentèrent
d'exercer sur l'Assemblée constituante amenèrent une

réaction dans l'esprit du gouvernement. Après le mouvement insurrectionnel du 15 mai, un arrêté décida la fermeture des clubs Blanqui et Raspail (22 mai 1848). Après l'affaire de juin, l'Assemblée rendit le décret du 28 juillet 1848, dont voici les traits principaux. Trois sortes de réunions sont à considérer :

1° La réunion *publique*, politique ou non (art. 2). Une déclaration préalable est nécessaire, la fermeture n'en peut être prononcée que par les tribunaux. 2° La réunion *privée non politique* (art. 14). Il faut désigner le local à la mairie et de plus fournir la liste des fondateurs. Le préfet a le droit de l'interdire en cas de fausse déclaration; elle est alors considérée comme une société secrète. 3° La réunion *privée politique* (art. 15). Elle ne peut se former qu'avec la permission de l'autorité municipale et aux conditions qu'elle déterminera, sauf recours en cas de refus à l'autorité supérieure. L'autorisation accordée est toujours révocable.

L'art. 12 défère aux tribunaux de police correctionnelle les infractions aux formalités prescrites ci-dessus touchant l'ouverture des clubs et la tenue de leurs séances. Les autres infractions sont soumises au jury.

Le dernier article du décret dispensait de toutes formalités les réunions électorales et les réunions ayant pour objet exclusif l'exercice d'un culte.

La Constitution qui suivit d'assez près cette loi (4 novembre 1848) proclama d'une façon générale le droit de réunion et le droit d'association. Mais, malgré la forme absolue de ses termes, le décret du 28 juillet 1848 fut considéré comme encore en vigeur. On admit que c'était une loi organique du genre de celles qui étaient annoncées par la Constitution.

Un projet présenté le 26 janvier à l'Assemblée constituante réclamait la suppression absolue des clubs : il ne fut pas voté en troisième lecture. L'Assemblée législative succéda à l'Assemblée nationale constituante et, pour aller au plus pressé, elle vota la loi du 19 juin 1849 qui, pour un an, autorisait le gouvernement à interdire les clubs et autres réunions publiques. Dans le même délai d'un an une loi devait être présentée à l'Assemblée pour maintenir la suppression des clubs et régler le régime du droit de réunion. Cette loi fut suivie de deux circulaires explicatives, l'une du ministre de la justice (22 juin), l'autre du ministre de l'Intérieur (24 juin). Ce projet ne fut pas exécuté, et la loi de 1849 fut prorogée par celles du 6 juin 1850, et du 21 juin 1851 ; ces deux dernières aggravèrent même les dispositions de la loi de 1849 en étendant la prohibition « aux réunions électorales qui seraient de nature à compromettre la sécurité publique ».

Survint le coup d'État, nous entrons alors dans une phase nouvelle, pendant laquelle la prohibition a été presque absolue. Pour justifier une pareille mesure, le préambule du décret du 25 mars 1852 insistait sur la nécessité de protéger d'une manière efficace les intérêts sociaux, « d'empêcher les désordres qui s'étaient produits sous le régime d'une législation insuffisante pour les prévenir » et « d'exercer, sur toutes les réunions publiques, une surveillance qui est la sauvegarde de l'ordre et la sûreté de l'Etat. » Le décret du 25 mars 1852 abrogea le décret du 28 juillet 1848, à l'exception toutefois de l'art. 13 relatif aux sociétés secrètes. Il exigea, dans tous les cas, une autorisation préalable, et déclara les art. 291 à 294 et la loi du 10 avril 1834 applicables aux réunions publiques. La généralité du texte fit décider, par la Cour de cassation, que le décret visait même les réunions ayant pour objet l'exercice *public* d'un culte (Cass. 9 déc. 1853). On avait soutenu, devant les tribunaux, que les réunions électorales étant la base d'un gouvernement qui ne reconnaissait d'autre loi que le suffrage universel, elles ne pouvaient pas se trouver comprises dans les prohibitions du décret. Telle ne fut pas l'opinion de la Cour de cassation qui jugea « qu'il n'appartient pas aux tribunaux de subordonner l'application des dispositions les plus expresses de la loi à l'existence d'un prétendu droit primordial et constitutionnel. »

Sous un seul rapport, le décret de 1852 était plus libéral que la loi du 28 juillet 1848 : il ne visait pas les réunions privées; celles-ci étaient donc absolument libres.

Telle fut la législation en vigueur pendant la plus grande partie de l'Empire. Elle était bien sévère, puisqu'elle ne se bornait pas à interdire toute discussion politique ou religieuse, et qu'elle ne permettait même pas l'examen de sujets d'économie sociale. C'était rendre impossible les réunions ayant pour objet de discuter les questions économiques se rattachant à l'organisation du travail, aux rapports entre patrons et ouvriers, etc.

Le gouvernement finit par comprendre qu'une réforme était nécessaire et une circulaire ministérielle du 12 février 1866 ordonna aux préfets d'autoriser les réunions publiques qui avaient pour objet de régler, en dehors de la politique, des questions touchant aux rapports économiques entre patrons et ouvriers, s'il n'apparaissait pas que la tranquillité publique dût en être compromise ; en cas de doute, ils devaient en référer préalablement au ministre de l'Intérieur.

Le 19 janvier 1867, l'Empereur écrivit au ministre d'État une lettre célèbre qui annonçait le dépôt prochain d'un projet de loi réglant « administrative- « ment le droit de réunion, en le contenant dans « les limites qu'exige la sûreté publique. »

Le projet de loi fut en effet déposé le 18 novembre 1867, au début de la session de 1868. Voici, en quelques mots, l'économie générale de la loi : d'abord, distinction des réunions publiques en deux catégories : celles où l'on s'occupe de questions politiques ou religieuses, et celles où l'on ne s'en occupe pas. Les réunions publiques électorales sont, à partir de la promulgation du décret de convocation d'un collège, assimilées aux réunions publiques non politiques, quant à l'application des articles 2, 3, 4, 5 et 6 de la loi, relatifs aux détails mêmes de la tenue de la réunion. Les réunions politiques et religieuses restent soumises à une autorisation préalable ; les autres en sont dispensées à la charge de se conformer à certaines formalités. Il faut une déclaration signée par 7 personnes domiciliées dans la commune, et jouissant de leurs droits civils et politiques, elle indique l'objet spécial de la réunion ; et doit être remise à Paris au préfet de police, dans les départements au préfet et au sous-préfet. La réunion ne peut avoir lieu que trois jours francs après la remise du récépissé ; elle doit se tenir dans un local clos et couvert et ne peut se terminer après l'heure fixée pour la fermeture des lieux publics. Un fonctionnaire de l'ordre judiciaire ou administratif a le droit d'assister à la séance ; il peut la dissoudre si elle devient tumultueuse, ou si le bureau laisse traiter des questions étrangères au but de la réunion. Tout membre du bureau ou de l'assemblée qui n'obéit pas à cet ordre est puni d'une amende de 300 francs à 600 francs et d'un emprisonnement de 15 jours à 1 an, sans préjudice des peines portées par Code pénal pour résistance à l'autorité publique.

De tout le projet, la disposition qui fut le plus vivement critiquée par l'opposition fut l'art. 13 qui permettait aux préfets d'ajourner toute réunion de nature à troubler l'ordre, l'interdiction était prononcée par le ministre de l'Intérieur seulement.

On sait en quels termes cet article fut attaqué par
M. Jules Simon au Corps législatif :

« Oui, vous avez 12 articles pour organiser tant
« bien que mal une certaine liberté, et, suivant moi,
« vous l'organisez aussi mal que possible, et quand
« vous l'avez organisée vous avez un treizième
« article qui la détruit. Comment le droit d'ajourner,
« le droit d'interdire s'appelle-t-il en français ? Cela
« s'appelle le régime arbitraire. »

M. Marie soutint la même thèse :

« Quant aux réunions publiques, on les distingue
« en deux classes. Il y a les réunions publiques dans
« lesquelles on s'occupe de sujets politiques ou reli-
« gieux ; une autorisation préalable est alors néces-
« saire. Il y a une seconde classe de réunions pu-
« bliques, elle comprend les réunions publiques
« s'appliquant à d'autres matières qu'aux matières
« politiques ou religieuses ; elle comprend aussi les
« réunions organisées en vue des élections du corps
« législatif, et dans ces dernières on peut parler de
« politique, on peut parler de religion. Pour cette
« seconde classe de réunions publiques pas de né-
« cessité d'obtenir une autorisation préalable. »

. . . .

« Maintenant, je suppose la loi votée. Voyons-la à
« l'œuvre. Je veux fonder une réunion dans laquelle
« on s'occupera de matières politiques ou religieuses;
« il me faudra une autorisation préalable..... Mais je
« veux fonder une réunion dans laquelle on ne s'oc-

« cupera de matières ni politiques, ni religieuses, ou
« dans laquelle on s'occupera exclusivement des in-
« térêts électoraux..... Évidemment, je n'aurai pas
« besoin d'autorisation préalable ; il me suffira de
« déclarer son existence....... Cela fait, et après l'ac-
« complissement des formalités que je viens de rap-
« peler, la société que je viens de former pourra-t-elle
« entrer en action ? Pas du tout. A ce moment on
« m'arrête ; l'art. 13 intervient et me dit : M. le pré-
« fet oppose son *veto* ; il ajourne la réunion. Il ne
« peut que l'ajourner, c'est vrai, mais il en réfère au
« ministre de l'Intérieur, et celui-ci pourra interdire.
« Quelle différence faites - vous entre un *veto* qui
« ferme une réunion au moment où elle va s'ouvrir
« et une autorisation préalable sans laquelle elle ne
« peut avoir lieu ? »

L'antagonisme entre les art. 1 et 13 était tellement flagrant, que, dans son commentaire sur la loi de 1868, M. Ameline, tout en la défendant, ne peut s'empêcher d'avouer que, dans les termes de la logique et du droit, MM. Jules Simon et Marie ont raison, et que l'art. 13 est en opposition absolue avec l'art. 1. Il défend cependant le Gouvernement du reproche d'avoir voulu tendre là un piège, et, pour l'excuser, il déclare que toute mesure restrictive étant grave, puisqu'elle forme une dérogation au principe de l'art. 1, elle ne sera nécessairement employée que rarement, et, de plus, sous le double contrôle de la presse et des Chambres. L'événement a prouvé que ces garanties n'étaient pas suffisantes : la presse ne prête en effet qu'un appui purement moral ; quant aux Chambres, leur contrôle fera défaut pendant leur prorogation, surtout au moment où l'arbitraire de l'administration est le plus à craindre : pendant la période électorale pour le renouvellement de la Chambre.

Après la chute de l'Empire, il semble que le principe de la liberté du droit de réunion aurait dû être incontesté ; il n'en fut rien pourtant. Nous trouvons en effet, à la date des 22-23 janvier 1871, un décret qui supprime les clubs jusqu'à la fin du siége.

L'étude de ce document est très instructive ; à la lecture, on pourrait aussi bien l'attribuer aux ministres du gouvernement de Juillet ou du gouvernement impérial qu'à la minorité qui, au Corps législatif, combattait avec tant d'acharnement la loi de 1868, et considérait alors l'exercice de ce droit comme une des libertés nécessaires.

Décret des 22-23 janvier 1871.

« Le gouvernement, etc.

« Considérant qu'à la suite d'excitations crimi-
« nelles dont certains clubs ont été le foyer, la guerre
« civile a été engagée par quelques agitateurs désa-
« voués par la population tout entière ; qu'il importe
« d'en finir avec ces détestables manœuvres qui,

« dans les circonstances actuelles, sont un danger
« pour la patrie et qui, si elles se renouvelaient, en-
« tâcheraient l'honneur irréprochable jusqu'ici de la
« défense de Paris ;

« Décrète :

« Art. 1er. — Les clubs sont supprimés jusqu'à la fin
« du siége. Les locaux où ils tiennent leurs séances
« seront immédiatement fermés. Les contrevenants
« seront punis conformément aux lois.

« Art. 2. — Le préfet de police est chargé de l'exé-
« cution du présent décret. »

L'Assemblée nationale remit en vigueur la loi de
1868.

Dès 1871, M. Faye proposa à l'Assemblée nationale
d'étendre aux élections des conseillers généraux le
bénéfice de l'art. 8 de la loi de 1868, qui autorise les
réunions publiques dans les vingt jours qui précè-
dent l'élection, réserve faite des cinq derniers jours
avant le scrutin ; mais la proposition n'aboutit pas,
elle ne fut même pas discutée.

La loi du 6 juin 1868 restait donc applicable d'une
façon générale. Il y fut cependant expressément dérogé par la loi du 2 août 1875 (art. 16) sur les réunions préparatoires à l'élection des sénateurs. Cet
article se référait à la loi de 1868 en y apportant quelques modifications : ainsi, les réunions pouvaient
être tenues depuis le jour de la nomination des délégués jusqu'au jour du vote inclusivement ; c'était
abolir ce qu'on avait surnommé la retraite électo-

rale de cinq jours. Les réunions devaient être précédées d'une déclaration faite la veille, au plus tard, par sept électeurs sénatoriaux de l'arrondissement, indiquant le lieu, le jour et l'heure choisis, et en outre les noms, professions et domiciles des candidats. Ainsi se trouvait abrégé le délai de trois jours francs entre la déclaration et la réunion. L'autorité municipale était tenue de veiller à ce que nul ne s'introduisît dans la salle s'il n'était député, conseiller général, conseiller d'arrondissement, délégué ou candidat. Le délégué devait justifier sa qualité par une attestation du maire de la commune; le candidat par un certificat du fonctionnaire qui a reçu la déclaration par laquelle il se portait candidat.

En 1876, MM. Tolain et Barodet déposèrent un projet de loi dans le but d'abroger les entraves qui restreignaient le droit de réunion. Semblables propostions furent encore faites par MM. Maigne, Louis Legrand et Naquet; mais il n'y fut donné aucune suite à cause de la dissolution de la Chambre des députés (25 juin 1877).

Après la réélection de la Chambre, M. Naquet déposa, le 31 mai 1878, une proposition de loi bien différente de la première. Au lieu de se borner à supprimer, d'une façon générale, toutes les lois restrictives, il proposait une réglementation complète du droit. Le précédent projet de M. Naquet fut alors repris par M. Louis Blanc; et les deux projets, joints à la proposition de M. Louis Legrand sur les réunions électorales, furent envoyés à une même commission. Un rapport très détaillé fut déposé sur le bureau de la Chambre par M. Naquet, rapporteur, le 15 juillet 1879.

Voici, dans ses grandes lignes, le résultat du travail de la commission :

L'autorisation préalable était supprimée dans tous les cas. Les organisateurs de la réunion devaient faire, vingt-quatre heures à l'avance, une déclaration signée par un seul citoyen, quel que fut son domicile, et la remettre au maire. Celui-ci en donnait un reçu ; à son défaut une attestation signée de quatre témoins tenait lieu de récépissé. Les réunions électorales et celles qui étaient tenues en dehors de la période électorale par un sénateur, un député, un conseiller général ou un conseiller d'arrondissement jouissaient de faveurs spéciales : la déclaration pouvait n'être faite que deux heures seulement avant la réunion ; elle n'était même pas exigée dans les communes de moins de 3.000 habitants. Les réunions restaient interdites sur la voie publique, mais ne devaient pas forcément se tenir dans un local clos et couvert. La police et la direction des débats appartenaient à un président. Un fonctionnaire délégué par l'autorité pouvait prononcer la dissolution de l'assemblée, si elle devenait tumultueuse et refusait de se dissoudre sur l'ordre de son président. Enfin, comme sanction, la loi édictait des peines contre les citoyens qui la violeraient et contre les fonctionnaires qui refuseraient un récépissé ou dissoudraient illégalement une réunion. A la différence de la loi de 1868, ce projet n'exigeait pas la fixation de l'objet spécial de la réunion, et refusait au gouvernement le droit d'ajournement et d'interdiction.

Le 11 décembre suivant, M. Lepère, ministre de l'intérieur et des cultes, déposa une proposition de loi sur la liberté du droit de réunion. Nous extrayons de l'exposé des motifs le passage suivant qui indique les traits essentiels du projet : « Le droit de réunion « dans toute son étendue est reconnu ; l'autorisation « préalable est supprimée, quelles que soient les ma- « tières qui puissent être discutées dans les réunions « légalement organisées. L'obligation de se renfermer « dans un local clos et couvert pour conférer à quel- « ques-uns ou pour s'assembler par milliers, cette « obligation disparaît. Mais il était indispensable, en « raison même de la suppression de toute barrière, « d'assurer la liberté de la circulation et la paix de « la place publique, et, puisque les initiatives de- « meurent entières, de fixer les responsabilités. . . . .

« La déclaration exigée ne sera pas seulement une « garantie donnée à la sûreté générale, elle sera « aussi une mise en demeure par l'autorité, et, à ce « double point de vue, elle permettra de faire la part « des devoirs réciproques de l'administration et des « administrés. »

Sur ces premiers points l'accord se fit facilement entre le gouvernement et la commission ; mais sur d'autres il fut plus difficile de s'entendre. Le gouvernement ne voulait supprimer dans aucun cas la nécessité d'une déclaration préalable, et ne se contentait pas des délais fixés par la commission, il désirait les faire porter de vingt-quatre à quarante-huit heures pour les réunions publiques ordinaires et de deux à vingt-quatre heures pour les réunions électorales; il exigeait au bas de la déclaration, la signature de deux personnes, dont une au moins domiciliée dans la commune, et voulait la faire remettre : à Paris au préfet de police, et dans les départements au préfet ou au sous-préfet, dans les chefs-lieux de département ou d'arrondissement. L'objet de la réunion devait être précisé, et si le bureau laissait la discussion s'égarer le gouvernement l'en rendait responsable, le fonctionnaire délégué pouvait alors dissoudre la réunion. Le projet du ministre comme la loi de 1868 exigeait l'exclusion des non électeurs de toutes les réunions publiques électorales, refusait de sévir contre les fonctionnaires qui ne délivraient pas le récépissé et n'admettait pas que le reçu pût être remplacé par une autre pièce équivalente ; il voulait non-seulement un président, mais encore un bureau de trois membres au moins. Enfin, et c'était là une mesure d'une extrême gravité, il permettait aux préfets, sous-préfets et maires d'ajourner les réunions, en cas de troubles imminents.

C'était reproduire presque intégralement le fameux article 13 de la loi de l'empire.

La commission transigea sur un certain nombre

de points, mais sur d'autres elle résista. C'est ainsi qu'elle ne cessa de réclamer pour les déclarants qui ne pourraient obtenir de récépissé, le droit de passer outre moyennant une attestation signée de deux témoins, constatation faite par acte extra-judiciaire du refus par l'autorité de délivrer le reçu. Le délai de deux heures, précédant les réunions électorales et les autres qui y sont assimilées, lui paraissait devoir être maintenu, de même que la faculté de se concerter le jour même du vote, dans le cas où l'élection peut comporter plusieurs tours de scrutin dans la même journée. Elle n'admit pas que l'ordre du jour dût être précisé, et par suite dénia au fonctionnaire délégué le droit de dissolution pour le cas où la discussion s'en écarterait. Au principe que les réunions électorales ne sont accessibles qu'aux électeurs de la circonscription, elle admit une exception en faveur des membres des deux Chambres et du mandataire du candidat, si celui-ci n'est pas présent.

Au lieu d'interdire toutes réunions périodiques la commission se borna à prohiber celles qui affectaient la forme de clubs, d'assemblées délibérantes, de façon à ne pas frapper les sociétés purement littéraires connues sous le nom de conférences. La responsabilité des organisateurs était couverte par la nomination du bureau, et pour celui-ci elle n'était encourue qu'à dater de l'avertissement donné par le fonctionnaire délégué. La commission accordait au bureau toute liberté pour modifier l'ordre du jour;

elle ne donnait au délégué le droit de dissolution que si l'assemblée devenait tumultueuse ou méconnaissait l'autorité du président ; enfin elle maintenait les peines contre les fonctionnaires refusant de délivrer le récépissé.

L'accord se fit sur le projet de la commission. Toutefois le gouvernement réserva quatre points sur lesquels il ne voulut faire aucune concession :

1º Défense était faite aux réunions de modifier leur ordre du jour ;

2º Les fonctionnaires ne devaient encourir aucune peine pour avoir refusé un récépissé ;

3º Ce dernier ne pouvait être remplacé que par un acte extrajudiciaire ;

4º Le droit d'ajournement était maintenu aux préfet de police, préfets et sous-préfets.

La discussion eut lieu à la Chambre des députés les 24, 26, 27 et 29 janvier et les 11, 13 et 15 mai 1880.

Voici le texte du projet de loi adopté :

Projet de loi du 15 mai 1880.

Art. 1er. — Les réunions publiques peuvent avoir lieu sans autorisation préalable, sous les conditions prescrites par les articles suivants.

Art. 2. — Toute réunion publique sera précédée d'une décaration indiquant le lieu, le jour, l'heure de la réunion. Cette déclaration sera signée par deux personnes au moins, dont l'une domiciliée dans la commune où la réunion doit avoir lieu.

Les déclarants devront jouir de leurs droits civils et politiques et la déclaration indiquera leurs noms, qualités et domiciles.

Les déclarations sont faites : à Paris, au préfet de police ; dans les chefs-lieux de département, au préfet ; dans les chefs-lieux d'arrondissement, au sous-préfet, et dans les autres communes au maire.

Il sera donné immédiatement récépissé de la déclaration.

Dans le cas où le déclarant n'aurait pu obtenir de récépissé, il suffira qu'il fasse constater l'empêchement ou le refus par acte extra-judiciaire, ou par une attestation signée de deux citoyens domiciliés dans la commune et témoins du fait ; cette notification ou cette attestation tiendra lieu de récépissé. Dans tous les cas, cette notification contiendra la mention de l'heure à laquelle elle aura été signifiée.

La réunion ne peut avoir lieu que quarante-huit heures au moins après la délivrance du récépissé ou de la pièce qui en tient lieu.

Art. 3. — Le délai pour la déclaration sera réduit à deux heures avant la réunion :

1° Lorsqu'elle aura pour but le choix ou l'audition de candidats à des fonctions électives, et si elle est tenue dans la période comprise entre le décret ou l'arrêté portant convocation du collège électoral et le jour de l'élection exclusivement.

Toutefois, des réunions pourront avoir lieu le jour même du vote, s'il s'agit d'élections comportant plusieurs tours de scrutin dans la même journée.

2° Si elle est organisée par un sénateur, un député, un conseiller général ou un conseiller d'arrondissement, dans les limites de la circonscription qui l'a élu.

Art. 4.—Les organisateurs d'une réunion publique doivent, dans leurs déclarations, indiquer s'il s'agit d'une conférence faite par un ou plusieurs orateurs déterminés, d'une réunion ordinaire de discussion, d'une réunion électorale ou d'une réunion dont l'entrée est subordonnée à des conditions déterminées.

Art. 5. — Lorsque la réunion aura pour but le choix ou l'audition de candidats à des fonctions publiques électives, ne pourront y assister que les électeurs de la circonscription, les candidats, les membres des deux Chambres et le mandataire de chacun des candidats.

Art. 6. — Les réunions ne peuvent être tenues sur la voie publique; elles pourront se prolonger jusqu'à onze heures du soir, et, dans les localités où la fermeture des établissements a lieu plus tard, elles pourront se prolonger jusqu'à l'heure fixée pour la fermeture de ces établissements.

Art. 7. — Les clubs demeurent interdits.

Art. 8. — Chaque réunion doit avoir un bureau chargé de maintenir l'ordre, d'empêcher toute infraction aux lois, de maintenir à la réunion le caractère qui lui a été donné par la déclaration, conformément à l'art. 4 ci-dessus, d'interdire tout discours contraire à l'ordre public et aux bonnes mœurs ou tendant à provoquer un acte déclaré crime ou délit par la loi.

Les signataires de la déclaration désigneront, soit parmi eux, soit parmi les assistants, les membres du bureau, à moins qu'ils ne préfèrent que le bureau soit élu par l'assemblée.

Dans tous les cas, les membres du bureau, et jusqu'à la formation du bureau, les signataires de la déclaration, seront toujours responsables des infractions aux prescriptions des art. 6, 7 et 8 de la présente loi. Toutefois, la responsabilité du bureau ne commencera qu'après les avertissements du fonctionnaire assistant à la réunion, aux termes de l'article suivant.

Art. 9. — Un fonctionnaire de l'ordre administratif ou judiciaire pourra être délégué pour assister à la réunion, à Paris par le préfet de police, et, dans les départements, par le préfet ou le maire, suivant les cas prévus à l'article 2.

Il choisira sa place et devra être revêtu de ses insignes.

Après trois avertissements donnés par ce fonctionnaire, si le bureau maintient la parole à qui commettrait un délit prévu par les lois, il encourra la responsabilité mentionnée à l'article précédent.

Il n'est rien innové aux dispositions de l'art. 3 de

la loi des 16-24 août 1790, des art. 8 et 9 de la loi des 19-22 juillet 1791 et des art. 9 et 15 de la loi du 18 juillet 1837.

Sont exemptées de l'obligation portée au § 1er, les réunions comprises à l'art. 3 de la présente loi.

Art. 10. — Toute infraction aux dispositions de la présente loi sera punie des peines de simple police, sans préjudice des poursuites pour crimes et délits qui pourraient être commis dans les réunions.

Art. 11. — L'art. 463 du Code pénal est applicable aux délits et contraventions prévus par la présente loi. L'action publique et l'action privée se prescrivent par 6 mois.

Art. 12. — Le décret du 28 juillet 1848, le décret du 25 mars 1852, la loi des 6-10 juin 1868 sont abrogés dans leurs dispositions qui concernent le droit de réunion, notamment dans le § 2 de l'art. 1er de la loi des 6-10 juin 1868 et dans le § 1er de l'art. 3 de la même loi.

Ce projet fut soumis au Sénat dans les séances des 8, 14 et 16 février 1881. Les principales modifications qui y furent apportées portent sur les points suivants :

1° Abréviation des délais qui furent abaissés de 48 à 24 heures ;

2° Rejet de l'exception formulée par l'art. 3, § 2, du projet en faveur des sénateurs, députés, conseillers généraux et conseillers d'arrondissement :

3° Faculté, pour l'administration, de se faire représenter dans les réunions électorales ;

4° Droit de dissolution restreint au cas de tumulte ou de réquisition de la part du bureau.

Ces quelques modifications furent adoptées par la Chambre, et c'est d'après ces données que fut votée la loi sur les réunions publiques, dont nous reproduisons ici le texte :

Loi du 30 juin sur la liberté de réunion.

Article 1er.

Les réunions publiques sont libres.

Elles peuvent avoir lieu sans autorisation préalable, sous les conditions prescrites par les articles suivants.

Art. 2.

Toute réunion publique sera précédée d'une déclaration indiquant le lieu, le jour, l'heure de la réunion. Cette déclaration sera signée par deux personnes au moins, dont l'une domiciliée dans la commune où la réunion doit avoir lieu.

Les déclarants devront jouir de leurs droits civils et politiques, et la déclaration indiquera leurs noms, qualités et domiciles.

Les déclarations sont faites : à Paris, au préfet de police ; dans les chefs-lieux de département, au préfet ; dans les chefs-lieux d'arrondissement, au sous-préfet ; et, dans les autres communes, au maire.

Il sera donné immédiatement récépissé de la déclaration.

Dans le cas où le déclarant n'aurait pu obtenir de récépissé, l'empêchement ou le refus pourra être constaté par acte extra-judiciaire ou par attestation signée de deux citoyens domiciliés dans la commune.

Le récépissé, ou l'acte qui en tiendra lieu, constatera l'heure de la déclaration.

La réunion ne peut avoir lieu qu'après un délai d'au moins vingt-quatre heures.

Art. 3.

Ce délai sera réduit à deux heures, pour les réunions publiques électorales prévues à l'art. 5, lorsqu'elles seront tenues dans la période comprise entre le décret ou l'arrêté portant convocation du collège électoral et le jour de l'élection exclusivement.

La réunion pourra avoir lieu le jour même du vote, s'il s'agit d'élection comportant plusieurs tours de scrutin dans la même journée.

La réunion pourra alors suivre immédiatement la déclaration.

Art. 4.

La déclaration fera connaître si la réunion a pour but une conférence, une discussion publique, ou si elle doit constituer une réunion électorale prévue par l'article suivant.

Art. 5.

La réunion électorale est celle qui a pour but le choix ou l'audition de candidats à des fonctions publiques électives, et à laquelle ne peuvent assister que les électeurs de la circonscription, les candidats, les membres des deux Chambres et le mandataire de chacun des candidats.

Art. 6.

Les réunions ne peuvent être tenues sur la voie publique; elles ne peuvent se prolonger au-delà de onze heures du soir; cependant, dans les localités où la fermeture des établissements publics a lieu plus tard, elles pourront se prolonger jusqu'à l'heure fixée pour la fermeture de ces établissements.

Art. 7.

Les clubs demeurent interdits.

Art. 8.

Chaque réunion doit avoir un bureau composé de trois personnes au moins. Le bureau est chargé de maintenir l'ordre, d'empêcher toute infraction aux lois, de conserver à la réunion le caractère qui lui a été donné par la déclaration, d'interdire tout discours contraire à l'ordre public et aux bonnes mœurs, ou contenant provocation à un acte qualifié crime ou délit.

A défaut de désignation par les signataires de la

déclaration, les membres du bureau sont élus par l'assemblée.

Les membres du bureau, et jusqu'à la formation du bureau les signataires de la déclaration, sont responsables des infractions aux prescriptions des art. 6, 7 et 8 de la présente loi.

Art. 9.

Un fonctionnaire de l'ordre administratif ou judiciaire peut être délégué, à Paris, par le préfet de police, et dans les départements, par le préfet, le sous-préfet ou le maire, pour assister à la réunion.

Il choisit sa place.

Il n'est rien innové aux dispositions de l'art. 3 de la loi des 16-24 août 1790, de l'art. 9 de la loi des 19-22 juillet 1791 et des art. 9 et 15 de la loi du 18 juillet 1837.

Toutefois, le droit de dissolution ne devra être exercé par le représentant de l'autorité que s'il en est requis par le bureau, ou s'il se produit des collisions et voies de fait.

Art. 10.

Toute infraction aux dispositions de la présente loi sera punie des peines de simple police, sans préjudice des poursuites pour crimes et délits qui pourraient être commis dans les réunions.

Art. 11.

L'art. 463 du Code pénal est applicable aux contraventions prévues par la présente loi.

L'action publique et l'action privée se prescrivent par six mois.

Art. 12.

Le décret du 28 juillet 1848 demeure abrogé, sauf l'art. 13 qui interdit les sociétés secrètes ; sont également abrogés : le décret du 25 mars 1852, la loi des 6-10 juin 1868 et toutes les dispositions contraires à la présente loi.

Art. 13.

La présente loi est applicable aux colonies représentées au parlement.

Après avoir conduit le projet de loi par différentes phases jusqu'au vote définitif et jusqu'à la promulgation, nous allons présenter le commentaire de la loi.

COMMENTAIRE DE LA LOI DU 30 JUIN 1881.

Avant d'aborder l'étude de la loi de 1881, il faut examiner une question importante qui domine toute la matière : la distinction entre les associations et les réunions.

Longtemps elles ont été confondues, longtemps ces deux expressions ont été employées comme synonymes. C'est seulement en l'an III, dans la Constitution du 5 fructidor an III et en l'an VII, dans les discours prononcés à l'assemblée des Cinq-Cents par Renault et Chollet, qu'on peut voir un premier essai de distinction.

La doctrine et la jurisprudence les distinguent maintenant avec soin. Ce qui les a fait confondre si longtemps, c'est que l'un de ces droits est précisément le mode d'exercice de l'autre : ainsi, les associations n'existent, et ne prennent corps qu'au moyen des réunions qui leur donnent la vie. Mais la réciproque n'est pas vraie, et la réunion ne suppose pas l'existence d'une association ; le plus souvent, en effet, elle n'a qu'une existence d'un jour, elle ne fait que réunir pour un instant des personnes étrangères les unes aux autres.

L'association et la réunion ont des points de ressemblance qui expliquent la confusion qui a été faite : elles sont toutes deux l'expression d'un sentiment naturel à l'homme, sentiment qui le porte à se rapprocher de ses semblables, à leur demander de joindre leurs forces aux siennes, à réunir dans une même action leur activité et leurs efforts.

Mais il y a entre elles des différences profondes qu'on peut caractériser en peu de mots.

L'association a une organisation permanente, un lien existe entre ses membres, un but à atteindre est le mobile de ses actions, de son activité. Les réunions, au contraire, ont pour cause des événements imprévus, instantanés, temporaires; ce sont des événements fortuits qui les motivent, et dès qu'elles ont pris fin, il n'existe plus aucun lien entre les citoyens que le hasard seul avait réunis pour quelques instants.

La distinction entre les réunions et les associations est de la plus grande importance.

Elle se manifesta pour la première fois d'une façon législative dans le Code pénal de 1810 : les articles 291 à 294 s'occupent des associations seulement, et leur imposent une règlementation très sévère. Quant au droit de réunion, il resta complètement en dehors des prévisions du Code.

La loi de 1834 n'eut pour effet que de rendre encore plus rigoureuse la législation imposée aux associations ; mais le droit de réunion y échappait encore une fois ; les débats parlementaires qui ont précédé le vote de cette loi, ne peuvent laisser aucun doute à cet égard.

La distinction entre les réunions et les associations

continua d'être capitale sous la République de 1848, mais elle perdit toute utilité après le décret du 25 mars 1852 qui déclarait les art. 291 à 294 et les art. 1, 2 et 3 de la loi du 10 avril 1834 applicables au droit de réunion. La loi du 6 juin 1868 fit cesser cet état de choses et rendit à cette distinction l'importance qu'elle avait avant le décret de 1852.

Dans la discussion de la loi de 1881, M. Louis Blanc contesta qu'il y eut avantage à séparer le droit de réunion du droit d'association :

« J'admets, disait-il, qu'il y a des différences entre
« l'association et la réunion ; je reconnais que la se-
« conde n'a pas le caractère de permanence qui ca-
« ractérise la première ; je reconnais que les membres
« d'une association sont liés entre eux par un prin-
« cipe de solidarité qu'exclut ce qu'une simple réu-
« nion a d'accidentel et de passager.

« Mais les différences qu'on peut signaler entre
« ces deux grandes formes de la liberté humaine
« n'ôtent rien à l'importance suprême de leurs affi-
« nités ; elles relèvent toutes deux du même prin-
« cipe, elles sont de la même nature, elles répon-
« dent chez l'homme au même besoin : celui de
« chercher dans la collectivité ce qu'il ne trouverait
« pas dans l'isolement, et d'opposer à l'oppression la
« force qui résulte de la mise en commun des senti-
« ments, du rapprochement des pensées, de l'har-
« monie des efforts.

« Oui, messieurs, les deux libertés dont il s'agit

« se complètent, elles se prêtent un mutuel appui.

« Sans la liberté de s'associer, les citoyens per-
« draient le plus clair du bénéfice intellectuel et mo-
« ral que leur rapporte le droit de se réunir, et,
« d'un autre côté, combien ne leur serait-il pas diffi-
« cile de s'associer, si la liberté de se réunir leur
« était refusée ? »

Le rapporteur de la loi, M. Naquet, reconnut que
ces deux droits étaient connexes ; il se déclara partisan d'une égale liberté pour l'un et pour l'autre,
mais nia qu'il y eut avantage à les solidariser dans
une même loi. Il fit remarquer que le droit de réunion ne soulevait pas de discussions aussi vives que
le droit d'association, que tout le monde sentait le
besoin de réviser la loi de 1868, tandis que le droit
d'association rencontrait des adversaires nombreux
et convaincus. Aussi, tout en se déclarant partisan
du régime de liberté absolue pour ces deux droits,
il demanda à la Chambre d'opérer la disjonction et
de voter immédiatement la loi qu'il présentait.

Les faits ont donné raison à M. Naquet. Il est fort
probable que, si la Chambre avait voulu réglemen-
ter dans une seule et même loi les associations et les
réunions, nous serions encore aujourd'hui sous
l'empire de la loi de 1868. Les diverses tentatives
faites en faveur de la liberté d'association n'ont pas
encore pu aboutir. Tout dernièrement (mars 1882),
le Sénat a commencé la discussion du projet de loi
élaboré par M. Dufaure ; le rapport a été présenté

par M. Jules Simon. Mais après la discussion générale, la Chambre haute a refusé de passer à la discussion des articles, sur la promesse du ministre de l'Intérieur de présenter prochainement un projet de loi.

Nous ne pouvons quitter cette matière sans parler du club. Il tient, en effet, de la réunion et de l'association et sa nature mixte fait qu'il est assez difficile à définir.

Les lois de la Révolution ne contiennent aucune définition du club.

La loi des 19-22 juillet 1791 dit : « Les sociétés populaires ou clubs..... » Les lois des 13 juin et 25 juillet 1793 parlent des « membres des clubs » c'est dire qu'elles considèrent le club comme une association. La même idée est reproduite dans la loi du 6 fructidor an III qui décrète la dissolution de toute assemblée connue sous le nom de club ou assemblée populaire.

Le définition la plus exacte se trouve en substance dans le décret du 28 juillet 1848 dont il est utile de reproduire ici le sens.

Les citoyens, dit l'art. 1, ont le droit de se réunir en se conformant aux dispositions suivantes :

L'ouverture de tout club ou réunion de citoyens sera précédée d'une déclaration faite par les fondateurs; elle indiquera leurs noms, prénoms, qualités et domiciles, le local, les jours et heures des séances (art. 2).

L'art. 3, pour en assurer la publicité, exige qu'un quart des places soit réservé aux citoyens étrangers au club.

Ainsi, aux termes de la loi de 1848, on peut le définir : une association formée d'un certain nombre de membres permanents à laquelle vient se juxtaposer une réunion. Suivant l'expression de M. Naquet, ce sont des réunions greffées sur des associations. On se trouve donc en présence à la fois d'une réunion, puisque le public y est admis et d'une association, puisqu'il y a des membres permanents.

On peut se demander alors quel est le caractère dominant dans le club? Il semble que l'idée d'association y est prépondérante, parce qu'il suppose un noyau de membres associés, réunis par un lien durable et permanent. Il est vrai que le club renferme implicitement une réunion, mais celle-ci est d'une nature toute spéciale ; car tous ceux qui y assistent ne peuvent exercer les mêmes droits : les membres permanents sont seuls capables de voter et le public assistant se trouvant réduit au rôle de muet, n'a aucune part aux délibérations et aucune action sur le vote.

Quelle définition peut-on donner du club? Pendant la discussion de la loi à la Chambre, on en a proposé plusieurs : le club est une association qui tient des réunions ; — le club est une réunion tenue par une association. Ces formules ne sont pas exactes ; elles ne tiennent pas suffisamment compte de la division des assistants en deux catégories; ce qui est pourtant un point important à relever. La définition donnée en 1848 par MM. Léon Faucher et de Falloux était ainsi conçue : « Seront considérés comme clubs toutes réunions publiques qui se tiendraient périodiquement ou à des intervalles irréguliers pour la discussion de matières politiques. » Elle a comme les précédentes le tort de ne pas indiquer qu'il existe, en dehors de la réunion, un comité directeur permanent destiné à donner l'impulsion. La définition la plus exacte est celle de M. Naquet qui voit dans les clubs « des réunions périodiques ayant généralement un bureau permanent et étant tenues par des membres affiliés dont l'affiliation se traduit soit par des cotisations qu'ils paient, soit autrement. »

PREMIÈRE PARTIE.

DES RÉUNIONS PUBLIQUES.

CHAPITRE PREMIER.

RÉUNIONS PUBLIQUES ORDINAIRES.

« Les réunions publiques sont libres », dit l'art. 1 de la loi du 30 juin 1881. Ce paragraphe n'existait pas dans le texte voté par la Chambre des députés, mais le Sénat a tenu à exprimer formellement en tête de la loi le principe qui la domine.

Pendant la discussion générale on a examiné, à la Chambre, quelle était la nature du droit de réunion.

« Le droit de réunion, a dit M. Gatineau, est un « des plus importants, des plus précieux que puissent « revendiquer les citoyens d'un pays libre. Tout le « monde le reconnaît : les jurisconsultes, les hommes « politiques le proclament un *droit naturel et pri-* « *mordial.* » Il ajoutait que tel paraissait être aussi l'opinion de M. le ministre de l'Intérieur, car l'exposé des motifs du gouvernement constate le *droit naturel* qu'ont les citoyens de se réunir pour discuter et se concerter sur leurs intérêts communs.

Cette discussion sur la nature du droit de réunion

n'est pas une pure question de mots. Si l'on doit le reconnaître pour un droit naturel supérieur, c'est-à-dire qui doit logiquement être accordé à tous les citoyens, on est forcé d'en conclure que le seul régime à admettre est celui de la liberté absolue.

Aussi, ces principes étant admis, le projet de loi le plus logique était le contre-projet présenté par M. Louis Blanc.

L'honorable député après avoir soutenu la thèse que les droits de réunion et d'association étant de même nature, et découlant du même principe, ne devaient pas être distingués, demanda l'abrogation de toutes les lois restrictives, et en particulier de la loi de 1868 et des articles 291 à 294 du Code pénal ainsi que de la loi du 10 avril 1834. « Ces lois sont détes-
« tables, dit-il, elles sont faites toutes les trois pour
« déshonorer la législation d'un pays libre.........

« Je conviens qu'en supprimant sans réserves l'au-
« torisation préalable, le projet de la commission
« constitue un progrès considérable sur la loi de
« 1868 ; mais le système de réglementation que la
« majorité de la commission recommande, pour être
« moins lourd que l'ancien, n'en procède pas moins
« de je ne sais quelle habitude invétérée de mettre
« la liberté en quarantaine. »

M. Louis Blanc se bornait à supprimer toutes les lois apportant des entraves au droit de réunion sans les remplacer par quoi que ce fût.

Le rapporteur insista sur les dangers qu'une semblable situation ferait courir tant à l'ordre public qu'à la liberté elle-même. Et, en effet, les différentes formalités qu'une loi impose aux réunions publiques n'ont pas pour unique objet de sauvegarder les droits de l'Etat. Ainsi, prenons pour exemple la déclaration préalable : elle a évidemment pour but de prévenir l'autorité et de lui permettre de prendre des mesures afin que l'ordre ne soit pas troublé. Mais la déclaration a encore un autre effet : c'est de mettre, en quelque sorte, l'autorité en demeure d'avoir à protéger les citoyens dans l'exercice paisible de leur droit. Si on se contente d'abroger purement et simplement la législation antérieure sans la remplacer par aucune autre, rien ne serait plus facile pour un maire que de prétendre qu'il n'a pas eu connaissance de la réunion, et de motiver ainsi l'absence de toute mesure de précaution.

Il faut rapprocher du contre-projet de M. Louis Blanc celui de M. Gatineau. Celui-ci, bien que partisan, en principe, de la liberté absolue, se fondait sur l'état des esprits qu'il ne trouvait pas suffisamment mûrs pour la liberté, et proposait une réglementation du droit qui n'était qu'une sorte d'ordonnance de police arrêtant les dispositions à prendre en vue du bon ordre général et de la paix publique.

Pendant la deuxième délibération de la loi, M. Maigne avait présenté un contre-projet qui ne reçut pas de la Chambre un accueil plus favorable que les précédents. Voici en quoi il différait du projet de la commission. La déclaration préalable est remise au maire deux heures seulement avant la réunion ; en cas d'absence ou de refus du magistrat municipal, la déclaration est affichée au lieu ordinaire en présence de deux témoins ; l'interdiction des réunions sur la voie publique est absolue ; les infractions à la loi sont punies de 1 à 6 mois de prison et de 50 à 500 francs d'amende ; ceux qui dissolvent une réunion ou l'empêchent de se former sont passibles de 5 à 10 ans de détention suivant que le coupable est un simple citoyen ou un fonctionnaire public.

Cette dernière dispostion rappelait visiblement la loi du 25 juillet 1793, qui punissait de 5 à 10 ans de fers quiconque tentait de dissoudre les sociétés populaires.

I. — *Déclaration préalable.*

L'art. 1ᵉʳ supprime dans tous les cas l'autorisation préalable prescrite par la loi de 1868 pour les réunions qui devaient traiter de sujets politiques ou religieux. Mais s'il ne faut plus jamais d'autorisation, une déclaration préalable est, par contre, exigée dans tous les cas. Cette formalité tend à assurer dans une certaine mesure l'ordre public à l'intérieur de la réunion et la liberté même des citoyens assemblés, si elle était menacée. Dans le système de liberté absolue préconisé par M. L. Blanc, on conteste l'utilité de cette déclaration. Les réunions publiques, dit-on , sont toujours accompagnées d'une grande publicité ; l'autorité ne peut pas ignorer ce qui a été porté à la connaissance de tous tant par des affiches que par des avis dans les journaux.

Cette objection tombe sur la simple remarque que la déclaration n'est pas exigée dans l'intérêt du gouvernement plutôt que dans celui des citoyens. Il est possible, en effet, qu'un maire soit de connivence avec les fauteurs d'une sédition ; il ne manquerait pas alors d'exciper de son ignorance pour excuser sa conduite. Au moyen d'une déclaration on déjoue de semblables calculs.

Énonciations contenues dans la déclaration préalable. — Dès l'instant qu'on exige une déclaration préalable, elle doit porter nécessairement sur le lieu, le jour et l'heure de la réunion. Nous verrons un peu plus loin si le but de la réunion doit être indiqué.

La déclaration sera signée par 2 personnes au moins, dont l'une domiciliée dans la commune où la réunion doit avoir lieu. La loi de 1868 exigeait la signature de 7 témoins. Cette formalité était empruntée, dans la législation anglaise, à un statut de la 57e année du règne de George III, qui exigeait, avant tout meeting de plus de 50 personnes, une annonce faite 5 jours à l'avance par 7 chefs de famille (*House keepers*). Le gouvernement impérial espérait empêcher ainsi les réunions peu sérieuses, mais il ne réussit qu'à vexer inutilement les citoyens.

Le gouvernement d'accord avec la commission

avait réduit à un le nombre des témoins à adjoindre au déclarant. M. Gatineau alla plus loin et voulait qu'on supprimât ce témoin. Car, disait-il, la déclaration a pour objet d'avertir l'autorité. Quelle utilité y a-t-il à ce qu'elle soit faite par deux personnes plutôt que par une seule ?

Le gouvernement répondit par l'organe du ministre de l'Intérieur que la formalité qu'il exigeait n'était pas une entrave à l'exercice du droit de réunion, l'organisateur devant toujours trouver facilement une personne pour l'assister. D'autre part, le déclarant pouvait être inconnu dans le pays ; il était bon qu'une personne domiciliée dans la commune vint s'adjoindre à lui pour donner plus d'autorité à sa déclaration. Le rapporteur de la commission, tout en se déclarant, en principe, de l'avis de M. Gatineau, soutint la rédaction du gouvernement parce qu'elle était le résultat d'une transaction entre la commission et les ministres.

Les signatures doivent-elles être légalisées ? Cette question n'a pas été soulevée dans la discussion de la loi, soit à la Chambre des députés, soit au Sénat ; elle avait été, au contraire, très longuement discutée en 1868 au Corps législatif, sans aboutir toutefois à une solution précise.

M. Jules Favre avait demandé que les signatures des déclarants ne fussent pas soumises à cette formalité ; car il pouvait se faire, disait-il, que la légalisation fût refusée par ordre.

La discussion qui s'éleva alors entre les membres de l'opposition et les représentants de la commission et du gouvernement est très confuse; les explications fournies par le rapporteur et les ministres sont contradictoires. Il semble pourtant résulter des explications fournies par M. Paulmier, membre de la commission, et ensuite par M. Baroche, garde des Sceaux, que les signatures devaient être légalisées. Ces orateurs voyaient là un moyen de s'assurer que la réunion est sérieuse et que les sept signatures ne sont pas supposées.

La loi actuelle étant muette sur ce point, quelle solution devons-nous adopter ?

En principe, tout acte présenté à l'autorité doit être légalisé; il y a là une garantie que le fonctionnaire est en droit d'exiger pour mettre à couvert sa responsabilité; il peut donc, s'il le juge convenable, s'en passer.

Ceci posé, on peut se demander quelle est l'autorité chargée de donner l'authenticité à la signature d'un déclarant? Est-ce celle du lieu où la réunion doit se tenir? En ce cas la légalisation serait inutile, puisque le même fonctionnaire aurait à la fois à légaliser et à recevoir la déclaration. Est-ce celle du domicile qui est seule compétente? C'est plus probable, car il n'y a qu'elle qui soit en mesure de certifier que tel citoyen réside bien dans la commune, et que c'est bien sa signature qui figure sur la déclaration. — Cette formalité nous semble contraire à l'esprit même de la loi. Si on veut obliger celui des déclarants qui n'est pas domicilié dans la commune où la réunion doit avoir lieu, à faire légaliser sa signature par le maire ou par le commissaire de police de sa résidence, il y a là une grande perte de temps et une entrave très-sérieuse à la liberté des réunions. Comment admettre qu'en temps d'élections, alors que le délai entre la déclaration et la réunion a été réduit à deux heures, on puisse exiger l'accomplissement d'une formalité qui le plus souvent ne pourra être remplie?

Cette solution paraît résulter de la discussion de l'art. 2. Répondant à M. Gatineau qui demandait que la déclaration pût être faite par une seule personne, M. le ministre de l'Intérieur déclara qu'il lui avait paru « convenable qu'à côté du citoyen inconnu dans la localité, en figurât un autre domicilié dans la commune et connu du maire. »

L'idée du ministre était que la signature connue légalisât, en quelque sorte, la signature inconnue.

Du reste, cette question de la légalisation des signatures, capitale avec la loi de 1868, a perdu une grande partie de son importance dans la loi actuelle. Jadis, le refus de la part de l'autorité d'accepter la déclaration rendait la réunion impossible; mais il n'en est plus de même maintenant. Si l'autorité refuse de la recevoir, et d'en donner reçu, les déclarants peuvent passer outre en faisant constater le refus par acte extra-judiciaire ou par attestation signée de deux témoins.

But de la réunion. — L'art. 2 exige que la déclaration préalable mentionne le lieu, le jour et l'heure de la réunion; mais ce n'est pas tout. L'art. 4 veut de plus que les organisateurs indiquent si elle a pour but une conférence, une discussion publique ou une réunion électorale.

L'art. 2 de la loi du 6 juin s'exprimait en ces termes dans le 2ᶜ alinéa :

« *Cette déclaration indique les noms, qualités et* « *domiciles des déclarants, le local, le jour et* « *l'heure de la séance ainsi que l'objet* SPÉCIAL ET « DÉTERMINÉ *de la réunion.* »

Au Corps législatif, M. Marie critiqua très-vivement les expressions du projet; il fit remarquer que l'art. 2 du décret du 28 juillet 1848 se bornait à dire : « On déterminera l'objet » et il demanda formellement au gouvernement s'il fallait voir dans l'expression du projet une simple redondance, ou si les deux mots avaient chacun un sens spécial. Le garde des Sceaux M. Baroche déclara que les deux mots étaient synonymes.

M. Naquet, dans la séance du 27 janvier 1880, indiqua d'une façon très-nette le désaccord survenu entre la commission et le gouvernement au sujet de l'art. 4. Le ministre de l'Intérieur demandait qu'on fût tenu d'indiquer, non-seulement le caractère de la réunion, c'est-à-dire d'énoncer qu'elle sera une conférence, une réunion publique, électorale ou autre, mais encore de formuler l'objet même de la discussion, l'ordre du jour. Le bureau eût été obligé de veiller à ce que la discussion ne s'égarât pas; il était même exposé à des poursuites si, après trois avertissements du fonctionnaire délégué, il ne retirait la parole aux orateurs qui s'écartaient du fond du débat. L'autorité pouvait alors prononcer la dissolution de la réunion. Au contraire, le projet de la commission n'exigeait pas de déclaration précise de l'objet de la discussion.

Le rapporteur rappela que l'origine de cette disposition se trouvait dans la loi du 6 juin 1868. « Dans « la loi impériale, dit-il, cette disposition était rationnelle et je la comprenais parfaitement. L'art. 1 de « cette loi maintenait l'autorisation préalable pour « les réunions politiques et pour les réunions reli- « gieuses; il en résultait que, dans une déclaration « de réunion publique, il fallait bien dire sur quoi « porterait la discussion. Si on ne l'avait pas dit, si « on était demeuré dans le vague, ce silence, pouvant « masquer l'intention de traiter de matières politi- « ques ou religieuses, et la discussion de ces matières « ne pouvant avoir lieu sans autorisation préalable, « le gouvernement aurait dû refuser le récépissé. Il « fallait donc préciser l'objet de la réunion.

« De plus, une fois la réunion ouverte, si un ora- « teur s'écartait de l'ordre du jour indiqué, s'il trai- « tait une question politique ou religieuse, — car, « remarquez bien que le commissaire de police ne « rappelait l'orateur à la question que lorsque celui-ci

« entrait sur le terrain politique ou religieux, —
« alors le représentant de l'autorité intervenait et
« disait : La réunion prend un caractère politique ou
« un caractère religieux sans en avoir le droit, puis-
« que les réunions politiques ou religieuses sont sou-
« mises à l'autorisation préalable, je la dissous.......

« La loi de 1868 n'était pas une loi de liberté,
« mais étant donné ce qu'elle était, cette disposition
« s'imposait d'elle-même.

« Aujourd'hui, vous reconnaissez aux citoyens le
« droit de tout discuter dans une réunion publique,
« vous abrogez spécialement les dispositions du § 2
« de l'art. 1ᵉʳ de la loi de 1868 qui soumettait à l'au-
« torisation préalable les réunions où seraient trai-
« tées des matières politiques ou religieuses. Les ci-
« toyens auront, par conséquent, le droit de discuter
« en réunion publique toutes les questions sur les-
« quelles ils jugeront utile de se concerter en com-
« mun . . . .
« Mais alors, si j'ai le droit de tout discuter, pour-
« quoi voulez-vous m'imposer l'obligation de préci-
« ser mon sujet, et pourquoi voulez-vous reconnaître
« à l'autorité le droit de dissoudre une réunion et
« d'en poursuivre les auteurs quand ils modifient
« leur ordre du jour ?»

M. le ministre de l'Intérieur répondit au rapporteur; il avoua que l'art. 4 s'inspirait de la loi impériale, mais contesta à la commission le droit de le
lui reprocher, attendu qu'elle-même y avait puisé

l'idée de la déclaration préalable. Il ajouta que, dans la loi de 1868, la nécessité de déclarer l'objet de la réunion découlait bien de la nécessité d'une autorisation; mais que dès l'instant où la loi nouvelle exigeait une déclaration préalable, il fallait bien en admettre la conséquence, c'est-à-dire indiquer l'objet de la discussion. La déclaration a pour objet d'avertir l'administration, de mettre en éveil l'autorité. Si donc l'objet de la réunion n'est pas indiqué, comment l'attention de la police serait-elle appelée ? Le ministre concluait de là à la nécessité d'indiquer l'ordre du jour.

Ces raisons ne nous semblent pas décisives. La police, en effet, ne peut se fier à une déclaration qui peut être mensongère; elle sera forcée de surveiller toutes les réunions; car, s'il suffisait d'annoncer une discussion sur un sujet peu passionnant pour s'affranchir de la présence du commissaire de police, on aurait là un moyen commode de se jouer de l'administration.

La sanction que le gouvernement voulait attacher à l'inobservation de l'ordre du jour est fort critiquable. Il peut y avoir du danger à laisser aux mains d'un fonctionnaire subalterne, parfois peu instruit, le droit de décider souverainement si la réunion s'écarte ou non de son ordre du jour, et d'en prononcer la dissolution.

C'est donc avec raison que la Chambre a repoussé la rédaction proposée par le Gouvernement et a voté l'article dans les termes suivants :

« La déclaration fera connaître si la réunion a
« pour but une conférence, une discussion publique,
« ou si elle doit constituer une réunion électorale
« prévue par l'article suivant. » (Art. 4).

Capacité des déclarants. — « *Les déclarants de-*
« *vront jouir de tous leurs droits civils et politiques,*
« *continue l'article 2, et la déclaration indiquera*
« *leurs noms, qualités et domiciles.* » Un député
avait proposé d'effacer les mots *et politiques;* il en fût
résulté que les femmes et les étrangers eussent pu
organiser des réunions publiques. Quant à ceux-ci,
il semble peu avantageux de leur conférer ce droit;
ce serait leur faciliter les moyens de venir provoquer
de l'agitation en France ; l'autorité serait visiblement désarmée vis-à-vis d'eux, car il suffirait à ces
perturbateurs de repasser la frontière pour se soustraire à toute responsabilité.
Mais ce point de vue n'a pas été discuté à la
Chambre, la question n'a été abordée que relativement au droit des femmes. Un député a fait observer qu'on n'avait pas pensé, sans doute, que l'expression de *droits politiques* excluait par cela
même les femmes; il demanda qu'une semblable
distinction fût supprimée. Le rapporteur de la
loi fit rejeter l'amendement par des considérations
tout à fait en dehors de la question : afin que la
loi, renvoyée par le Sénat, pût être votée définiti-
vement et promulguée avant le renouvellement de

la Chambre, mais la question n'a pas été discutée au fond.

Remise de la déclaration. — « *Les déclarations* « *sont faites : à Paris, au préfet de police; dans* « *les chefs-lieux de département, au préfet; dans* « *les chefs-lieux d'arrondissement, au sous-préfet;* « *dans les autres communes, au maire. Il sera* « *donné immédiatement récépissé de la déclara-* « *tion.* » (Art. 2, suite).

Le projet de la commission n'exigeait en aucun cas la remise de la déclaration au préfet de police, préfet et sous-préfet ; c'est le gouvernement qui l'a réclamée dans toutes les villes qui ne sont pas chefs-lieux de département ou d'arrondissement.

En cas d'absence du maire, le récépissé sera signé par un adjoint ou par celui des conseillers munici-paux appelé à le suppléer.

« *Dans le cas où le déclarant n'aurait pu obte-* « *nir de récépissé, l'empêchement ou le refus* « *pourra être constaté par acte extra-judiciaire,* « *ou par attestation signée de deux citoyens do-* « *miciliés dans la commune. Le récépissé ou l'acte* « *qui en tiendra lieu, constatera l'heure de la dé-* « *claration.* » (Art. 2, suite).

L'entente ne put s'établir sur ce paragraphe en-tre le gouvernement et la commission.

Dans le cas où le déclarant ne peut obtenir de ré-cépissé, ils s'accordaient bien pour lui permettre de faire constater le fait par acte extra-judiciaire ; mais la commission allait plus loin, et voulait que la notification, par exploit d'huissier, pût être remplacée par une attestation signée de deux personnes domiciliées dans le département.

« Notre but, disait le rapporteur, en rendant né-
« cessaire une déclaration de réunion publique, a été
« de protéger la liberté des citoyens; mais nous ne
« voulons pas que cette formalité protectrice puisse
« devenir une formalité oppressive. » C'est dans ce but, ajoutait-il, que la commission a imaginé ce moyen qui soustrait les citoyens à l'arbitraire d'un maire, si ce magistrat tentait de mettre obstacle à la tenue d'une réunion en refusant de délivrer un récépissé.

Le premier moyen admis d'un commun accord, par le gouvernement et par la commission, pouvait être illusoire : s'il n'y a pas d'huissier dans la localité la réunion est rendue impossible en temps d'élections. Le ministre de l'Intérieur se refusait à admettre que la signature des deux inconnus pût remplacer celle du maire ou du préfet. La Chambre n'a pas partagé ses scrupules : elle a tenu à mettre les réunions à l'abri des tracasseries de l'administration.

Délai entre la déclaration et la réunion. — « La « réunion ne peut avoir lieu qu'après un délai « d'au moins 24 heures. » (Art. 2, dern. phr.).

Le projet du gouvernement fixait un délai de 48 heures. M. Gatineau s'était efforcé en vain d'obtenir qu'il fut diminué de moitié; mais le Sénat s'est montré plus libéral que la Chambre, et a trouvé qu'en 24 heures l'autorité avait le temps de prendre les mesures d'ordre qu'elle jugerait nécessaires.

Le délai se compte aujourd'hui d'heure à heure. Les huissiers devront, quand ils auront une signification à faire, déroger à la pratique ordinaire et indiquer dans l'exploit l'heure de la signification. Cette remarque est importante à faire car sous l'empire de la loi de 1868 on comptait par jours francs.

II. — *Lieux et heures interdits.*

« *Les réunions ne peuvent avoir lieu sur la voie* « *publique.....* » (Art. 6).

Cette rédaction a été attaquée à la Chambre; quelques membres la trouvaient trop vague et craignaient qu'en pratique elle ne conduisît à prohiber toutes les réunions en plein air. Le rapporteur répondit que les termes de la loi étaient assez clairs pour qu'on ne pût craindre une équivoque. En prohibant les réunions qui se tiennent sur la voie publique, on les interdit seulement dans les rues et sur les places ; mais il est évident qu'elles peuvent se tenir en plein champ, la loi de 1881 ne reproduisant pas l'obligation d'avoir un local clos et couvert.

L'art. 6 ne vise d'ailleurs, la remarque en a été

faite, que les réunions qui eussent été soumises à la formalité de la déclaration préalable. Si une réunion se forme spontanément dans un lieu public, c'est un attroupement qui tombe sous l'application de la loi du 7 juin 1848.

La commission avait cru, dans le principe, devoir réserver formellement aux maires le droit, d'autoriser les citoyens à s'assembler sur la voie publique. Si ce paragraphe a disparu dans le texte définitif, c'est qu'il a paru inutile de rappeler un droit que la loi municipale accorde aux maires, et que nul ne leur conteste.

C'est en vertu de ce pouvoir que le préfet de police a dissous, au mois de mars 1883, un *meeting* tenu sur l'esplanade des Invalides et organisé par les ouvriers anarchistes révolutionnaires.

L'art. 6 du projet empruntait à la loi de 1860 l'interdiction des réunions après l'heure de la fermeture des lieux publics. Sur l'observation que dans certains villages, où les cabarets ferment à 8 heures, il y aurait impossibilité presque complète d'user du droit de réunion, une nouvelle rédaction a été admise :

« *Elles (les réunions publiques) ne peuvent se*
« *prolonger au-delà de 11 heures du soir ; cepen-*
« *dant dans les localités où la fermeture des éta-*
« *blissements publics a lieu plus tard, elles pour-*
« *ront se prolonger jusqu'à l'heure fixée pour la*
« *fermeture de ces établissements.* »

Il nous semble résulter, de la lecture de l'article, que les réunions peuvent toujours durer, au moins jusqu'à 11 heures du soir ; elles pourront se tenir à une heure plus avancée de la soirée, si les établissements publics ferment après 11 heures du soir.

C'est donc à tort, selon nous, que M. Ch. Constant, dans son *Code des réunions publiques*, reconnaît aux maires le droit de prendre, sous l'approbation préfectorale, des arrêtés spéciaux ordonnant la fermeture des réunions publiques à une heure moins tardive que pour les autres établissements publics.

Cet auteur fait découler cette faculté pour le maire du droit qu'il a de prendre les mesures les plus propres à assurer le maintien du bon ordre, dans les endroits où il se fait de grands rassemblements d'hommes (loi des 16-24 août 1790). Cette opinion serait exacte si le § 2 de l'art. 6 avait été voté tel que la commission le proposait ; elle était fondée aussi sous l'empire de la loi de 1868 à laquelle l'article était emprunté, et sous le régime du décret du 28 juillet 1848 qui la consacrait aussi dans les mêmes termes. Mais aujourd'hui, l'art. 6, § 2, consacre pour les citoyens un *droit* : celui de pouvoir se réunir au moins jusqu'à 11 heures du soir.

Si l'on n'admet pas notre solution, il faut avouer que le but du législateur n'a pas été atteint ; il n'a voulu, en effet, que donner une liberté plus grande aux organisateurs de réunions, en fixant leur fermeture, non pas à l'heure de la clôture des lieux publics, mais à une heure fixe, de façon à soustraire les citoyens à l'arbitraire des maires.

Ce dernier sentiment de défiance, exagéré peut-être à l'égard des représentants des municipalités, est manifeste dans la loi de 1881. Il a été plusieurs fois exprimé à la tribune, et, en particulier par le rapporteur, qui, répondant à une interruption de M. Cunéo d'Ornano, disait : « Il est incontestable « que du moment où les maires sont élus par le « conseil municipal, et qu'il y a des conseils muni- « cipaux hostiles aux institutions gouvernementales, « j'ai le droit d'avoir de la défiance contre certains « maires. »

III. — *Du bureau* (art. 8).

Chaque réunion doit avoir un bureau composé de trois membres au moins. D'une façon générale, ses attributions consistent à maintenir l'ordre dans l'assemblée, et à faire observer la loi. Il doit interdire tout discours contraire à l'ordre public et aux bonnes mœurs, ou contenant provocation à un acte qualifié crime ou délit. Cette dernière énumération a été critiquée : on lui reprochait de ne pas être assez précise et de reproduire une phraséologie mal définie. Mais c'étaient les termes mêmes dont se servait la loi sur la presse, alors en vigueur, termes auxquels la jurisprudence avait assigné un sens très-net.

Le bureau doit veiller au bon ordre : c'est là une

obligation formelle mise à sa charge par l'art. 8. Il peut même avoir à répondre, devant les tribunaux, de toute faute commise dans l'exécution de cette partie de sa tâche.

Y a-t-il là, comme l'a prétendu un député, une responsabilité qui puisse tenir éloigné du bureau les citoyens paisibles, peu soucieux de risquer d'être poursuivis comme complices de délits qu'il leur aura été presque impossible d'empêcher ? C'est peu probable, car les peines édictées en pareil cas sont celles de la simple police ; par suite si les membres du bureau ne se sont pas rendus coupables d'autres délits, ils ne seront passibles que de peines insignifiantes. Cette considération ne peut donc être un obstacle à ce que le bureau soit composé d'une façon sérieuse.

La loi exige que le bureau soit formé de trois personnes au moins ; il sera désigné par les déclarants, sinon il sera nommé par l'assemblée elle-même. Dans ce dernier cas, sa responsabilité ne se trouve engagée qu'après sa formation. Jusqu'alors ce sont les signataires de la déclaration qui peuvent avoir à répondre des infractions aux art. 6, 7 et 8.

L'institution du bureau est très-commode pour le gouvernement, car il sait alors sur qui faire peser la responsabilité des infractions commises dans la réunion. Elle est aussi très-utile pour faire régner dans la discussion un peu d'ordre et de méthode, mais à la condition que le président puisse dominer la foule. Que de fois, dans des assemblées tumultueuses, n'a-t-on pas le spectacle d'un bureau luttant sans cesse pour ressaisir l'autorité qui lui échappe, d'une foule dictant ses ordres au président lui-même !

Dans de semblables conditions, le président, s'il a conscience de sa dignité, devra mettre tout en œuvre pour faire cesser la confusion. S'il n'y peut parvenir, il n'aura qu'à réclamer l'assistance du commissaire de police ou bien à lever la séance.

L'assemblée n'ayant plus de bureau, ne formera plus dès lors qu'un attroupement que la police aura le droit de dissoudre.

IV. — *Du fonctionnaire délégué* (art. 9).

Un fonctionnaire de l'ordre administratif ou judiciaire peut être délégué par l'autorité pour assister à la réunion. Il y a là pour le gouvernement une pure faculté dont il use à son gré.

Ce fonctionnaire peut être choisi dans l'ordre administratif ou dans l'ordre judiciaire.

Il y a des fonctionnaires qui n'assisteront jamais à une réunion publique ; le plus souvent, la mission de représenter le gouvernement sera attribuée à un commissaire de police.

Pour pouvoir jouir, dans l'enceinte de l'assemblée, des prérogatives que l'art. 9 lui accorde, le délégué doit avoir reçu de l'administration un pouvoir spécial. Les membres du bureau ont le droit d'en exiger la représentation. Si le fonctionnaire ne peut ou ne veut faire cette preuve, il ne sera pas expulsé de la salle s'il a le droit d'y rester en sa simple qualité de citoyen ; mais il ne serait pas en droit d'exiger une place à son choix.

Le projet de loi voté par la Chambre des députés reconnaissait au délégué le droit de dissolution dans les cas suivants : 1° quand, après trois avertissements, le bureau maintenait la parole à un orateur qui commettait un délit prévu par les lois ; 2° si la réunion méconnaissait l'autorité du président, ou si elle devenait tumultueuse.

Au Sénat, cet article subit de profondes modifications. Le rapporteur, M. Labiche, reconnaissait que l'autorité avait bien le droit et le devoir d'assister aux réunions, dans l'intérêt de l'ordre et de la protection due aux citoyens, mais il refusait de donner au délégué un rôle actif dans la discussion, et une part quelconque dans la direction des débats.

« Nous pensons, disait-il, que, même en se pla-
« çant uniquement au point de vue gouvernemental,
« il y aurait beaucoup plus d'inconvénients que
« d'avantages à mettre les assemblées sous la tutelle
« d'un fonctionnaire qui n'est responsable que vis-
« à-vis de ses chefs ; nous pensons que les attribu-
« tions qu'on propose de lui confier risqueraient de
« porter atteinte, non seulement aux droits des ci-
« toyens, mais aussi au prestige de l'autorité, en ren-
« dant celle-ci solidaire des erreurs d'un agent par-
« fois peu capable et presque toujours incompétent. »

Le rapporteur fit remarquer que cette disposition, empruntée à la loi de 1868, n'avait plus de raison d'être dans la loi nouvelle. Quand certaines réunions étaient astreintes à la nécessité d'une autorisation préalable, il était indispensable de donner au représentant de l'autorité le droit de dissolution. Mais il doit en être différemment sous le régime nouveau qui n'exige, comme formalité préalable, qu'une simple déclaration.

La modification proposée à l'art. 9 du projet fut adoptée par le Sénat qui donna au texte le libellé actuel.

La loi de 1848 et après elle la loi de 1868 disaient que le fonctionnaire devait être porteur de ses insignes. Cette obligation n'a pas été maintenue; mais, en pratique, le délégué fera bien de s'en revêtir afin que son caractère ne soit pas méconnu. La seule prérogative que lui accorde l'art. 9 est de pouvoir choisir une place à sa convenance. Il peut même réclamer une place déjà occupée et exiger qu'elle lui soit donnée; mais, en aucun cas, il ne peut demander une place pour la personne qui l'accompagne.

Le fonctionnaire délégué a maintenant un rôle tout à fait dépendant : il est l'auxiliaire du bureau, et ne doit intervenir que sur sa demande ou bien encore en cas de tumulte. Il a perdu l'importance qu'il avait dans la loi de 1868. On peut dire que sous ce régime la direction générale des débats lui appartenait, car il pouvait dissoudre la réunion s'il jugeait que l'ordre du jour n'était pas scrupuleusement suivi.

Il a le droit, il est vrai, de dresser procès-verbal des délits qui se commettent dans l'assemblée ; mais il ne pourrait s'en autoriser pour prononcer la dissolution.

Si le délégué est témoin de contraventions à la loi sur les réunions, il a le devoir de ne pas les laisser impunies ; il doit les dénoncer à l'autorité judiciaire chargée de les réprimer. Dans ce but, il rédigera un procès-verbal relatant les faits incriminés. Ce document ne sera tenu pour véridique que jusqu'à preuve contraire, car l'article 154 du Code d'instruction criminelle déclare que ceux-là seulement font foi jusqu'à inscription de faux qui ont reçu de la loi ce privilège. La loi de 1881 n'ayant rien spécifié à ce sujet, on reste dans le droit commun, c'est-à-dire que le contenu du rapport du fonctionnaire pourra être combattu par toute espèce de preuves.

On peut citer en ce sens un jugement du tribunal correctionnel de la Seine, en date du 4 février 1869.

Dans une réunion d'ouvriers tenue pour discuter les statuts d'une société coopérative, un sieur P… avait, comme rapporteur de la commission chargée de les rédiger, donné lecture d'un discours qui avait paru au ministère public renfermer des délits.

« Attendu, dit le jugement, que de la déposition
« du commissaire de police, rédacteur du procès-
« verbal de la séance du 6 décembre 1868, à la réu-
« nion publique de la salle Molière, il résulte qu'au

« moment où a été prononcée la première phrase du
« discours manuscrit que P... a lu, l'assemblée, sans
« être assez tumultueuse, était toutefois en ce mo-
« ment assez bruyante pour qu'il soit possible que les
« mots incriminés, savoir : « Il faut effacer jusqu'au
« nom du propriétaire, » n'aient pas été perçus par
« lui exactement ; que ces mots semblent, en effet,
« n'être pas en harmonie avec la pensée dominante
« de la phrase à laquelle ils se rattachent; qu'il résulte
« des documents fournis à l'audience et des déposi-
« tions des témoins que le manuscrit lu par P..., et
« qui a été immédiatement porté à l'impression, ne
« les contenait pas; que les membres de la commis-
« sion qui ont collaboré à ce travail ont, avec le pré-
« venu, protesté à l'audience que les mots incriminés
« n'ont pas été prononcés, et qu'ils auraient été, de
« leur part, l'objet d'une protestation immédiate
« d'autant plus énergique qu'ils auraient dénaturé
« complètement le sens et la portée d'une délibé-
« ration commune; qu'il s'élève dès lors un doute
« sur l'existence même des paroles incriminées...
« Attendu qu'il ne résulte d'aucune partie du dis-
« cours, non plus que de son ensemble, que P... ait
« commis les délits d'attaque au principe de la pro-
« priété et d'excitation à la haine et au mépris des
« citoyens les uns contre les autres, relevés à sa
« charge; — le renvoie des fins de la poursuite sans
« dépens. »

Le bureau pourrait même s'abstenir de recourir à

l'intervention du délégué; s'il lui devenait impossible de maintenir l'ordre, il n'aurait qu'à lever la séance. Il n'y aurait plus alors de réunion, il n'y aurait qu'un rassemblement que la police aurait le droit de dissiper ainsi que nous l'avons dit en parlant des pouvoirs du bureau.

À la suite de l'article 9 figurait dans le projet du gouvernement la disposition suivante :

« En cas de troubles imminents, les préfet de
« police, préfets et sous-préfets pourront ajourner
« les réunions publiques, à la charge par eux d'en
« référer immédiatement au ministre de l'Intérieur. »

Un amendement de MM. Fréminet et Léon Renaut, adopté par le gouvernement, décidait que la faculté d'ajournement n'était pas applicable aux réunions électorales.

Au cours de la discussion, la commission, qui avait d'abord repoussé énergiquement cet article, l'adopta après modifications : elle définissait les troubles imminents d'après l'article 1 de la loi du 3 avril 1878 sur l'état du siège, et exigeait que le préfet en référât au ministre avant de prononcer l'ajournement.

La loi à laquelle il était fait allusion avait été votée sous le ministère Dufaure. L'article 1 était ainsi conçu :

« L'état de siège ne peut être déclaré qu'en cas
« de péril imminent résultant d'une guerre étran-
« gère, ou d'une insurrection à main armée. » Le

rapporteur, M. Naquet, fit remarquer que le projet du gouvernement combiné avec l'amendement n'était autre, pour les réunions publiques non électorales, que la reproduction de l'article 13 de la loi de 1868. Il cita les paroles mêmes que M. Glais-Bizoin avait prononcées dans la discussion : « De plein « droit le préfet de police, en vertu de l'article 13, « le préfet de la Seine à Paris, et tous les préfets « dans les départements, auront le droit de suspen- « dre ou d'ajourner une réunion électorale qui leur « semblera compromettante pour l'ordre public. « C'est l'arbitraire pur et simple, c'est la négation « du droit. »

Le rapporteur rappela ensuite l'opinion d'un commentateur de la loi de 1868, M. Ameline, qui avouait que l'art. 13 était en opposition absolue avec l'art. 1.

Il convient de reconnaître pourtant que l'article du projet du gouvernement était moins dur que l'art. 13 de la loi de l'empire, puisqu'il exceptait toutes les réunions électorales ; il n'en était pas moins inadmissible, car il conférait au ministre de l'Intérieur un pouvoir trop grand.

L'article 10 du projet fut néanmoins voté en première lecture. Lors de la deuxième délibération, la lutte fut reprise, et cette fois il fut repoussé ; de sorte que la loi actuelle n'autorise aucun ajournement, aucune interdiction des réunions, sous prétexte de nécessités d'ordre public dont l'appréciation serait laissée à l'arbitraire de l'administration.

V. — *Pouvoirs conservés aux maires en vertu des lois existantes.*

A côté du délégué se trouve placé un autre fonctionnaire, le maire, qui, en vertu de lois spéciales, est chargé de veiller au maintien du bon ordre. Ce droit d'intervention lui est conféré par les lois municipales ; il a été rappelé formellement dans l'article 9, lequel déclare qu'il n'est rien innové aux dispositions de l'article 3 (titre XI) de la loi des 16-24 août 1790, de l'article 46 de la loi des 19-22 juillet 1791, et des articles 9 et 15 de la loi du 18 juillet 1837.

Cette remarque n'avait pas besoin d'être inscrite dans notre texte, on ne peut donc reprocher au législateur que d'avoir péché par excès de prudence. Mais comme la loi ne doit pas s'adresser seulement aux jurisconsultes, il est bon qu'elle soit à la portée de tous les citoyens : un doute aurait pu s'élever dans l'esprit de quelques fonctionnaires municipaux ; ils auraient pu croire que les lois anciennes étaient tacitement abrogées. — L'article 9 tranche heureusement toutes les difficultés en fixant les maires sur l'étendue de leurs pouvoirs.

La première de ces lois sus-mentionnées confie à la vigilance et à l'autorité des corps municipaux le soin de réprimer et de punir les délits contre la tranquillité publique, tels que le tumulte excité dans les assemblées, et le devoir de maintenir l'ordre dans les lieux où il se fait de grands rassemblements d'hommes. La loi des 19-22 juillet 1791 (art. 46) assigne à la police municipale l'obligation de veiller au maintien habituel de l'ordre et de la sécurité en chaque lieu. En conséquence, elle accorde au corps municipal le pouvoir de prendre des arrêtés sur les objets confiés à sa vigilance.

La loi du 18 juillet 1837 sur l'organisation municipale (art. 9) qui charge le maire de l'exécution des mesures de sûreté générale et de la confection des arrêtés municipaux ne fait que répéter le contenu des lois de 1790 et 1791.

Le pouvoir du maire est tout à fait distinct de celui du fonctionnaire délégué. Sans doute les deux qualités de maire et de délégué peuvent se confondre sur la même tête, et alors celui qui en est investi peut agir à deux titres différents; mais le plus souvent elles seront distinctes.

Les pouvoirs du maire, comme représentant de la municipalité, sont bien plus étendus que ceux du fonctionnaire délégué, car si ce dernier a bien seul le pouvoir, en cette qualité, de dissoudre une réunion publique sur la réquisition du bureau, le maire a le droit de la disperser dans tous les cas où il la considère comme dangereuse pour la sûreté des citoyens. Il peut alors requérir la force armée de lui prêter main forte. Mais il n'a pas toujours à recourir à ces mesures extrêmes; le plus souvent il se contentera de verbaliser contre les perturbateurs. Ce droit lui appartient en vertu de sa qualité d'officier de police judiciaire.

Il est à remarquer que le maire n'a à relever ici que les faits qui apportent un trouble matériel à la réunion, et non pas les écarts de parole des orateurs ou les infractions à la loi sur les réunions publiques. Ce serait empiéter sur les attributions du fonctionnaire délégué, spécialement chargé de cette mission.

Quelle est la foi due aux procès-verbaux du maire? Doivent-ils être réputés exacts jusqu'à preuve contraire, comme s'ils émanaient du fonctionnaire délégué, ou doivent-ils servir seulement de renseignements?

Suivant l'art. 154 du Code d'instruction criminelle, les procès-verbaux faits par les officiers publics qui ont reçu de la loi une délégation spéciale pour constater certaines infractions, lorsqu'ils ne font pas foi jusqu'à inscription de faux, font foi du moins jusqu'à preuve contraire. Il en résulte que les rapports du maire pourront être combattus sans que l'on ait à recourir à la procédure extraordinaire de l'inscription de faux. Le maire est, en effet, un officier de police judiciaire, en vertu de l'art. 9 du Code d'instruction criminelle, et, d'autre part, il n'a pas reçu de la loi le pouvoir de faire des procès-verbaux dignes de foi jusqu'à inscription de faux.

Pour résumer les analogies et les différences entre les pouvoirs du maire et ceux du fonctionnaire délégué, on peut dire que tous deux ont un simple droit de surveillance sur la réunion; pour tous deux le pouvoir ne prend naissance qu'au moment où la réunion se tient, et ne s'exerce que quand elle devient tumultueuse. Ils peuvent alors prononcer la dissolution et recourir même à la force publique en cas de résistance.

Le fonctionnaire délégué a, de plus que le maire, le droit de dissoudre l'assemblée s'il en est requis par le bureau.

En dehors de ce cas spécial, le maire et le fonctionnaire délégué sont investis de pouvoirs identiques, parallèles. Ils conservent néanmoins une initiative individuelle et une pleine indépendance l'un vis-à-vis de l'autre ; ils doivent agir chacun suivant leur conscience sans régler leur conduite sur celle de leur collègue.

CHAPITRE II.

RÉUNIONS PUBLIQUES ÉLECTORALES.

L'art. 5 les définit : celles qui ont « *pour but le choix ou l'audition de candidats à des fonctions publiques électives* ». Ce texte vise les candidats à un siège de sénateur, de député, de conseiller général, de conseiller d'arrondissement, ou de conseiller municipal.

L'entrée des réunions publiques électorales n'est pas absolument libre, elle est réservée aux personnes qui ont l'exercice de leurs droits électoraux dans la circonscription. Comment s'assurer si un citoyen est ou non électeur ? En pratique c'est une question assez difficile à résoudre ; car, si la circonscription électorale est très peuplée, il est bien difficile d'exiger que les organisateurs connaissent tous ceux qui assistent à la réunion. A Paris, une pratique généralement adoptée consiste à exiger la dernière carte électorale. Ce procédé qui est le plus pratique n'est cependant pas absolument sûr, car il se peut que la personne qui a précédemment voté ait été, depuis la la révision des listes électorales, privée de ses droits par suite d'un changement de domicile ou par toute autre cause. Dans les petites localités, les fraudes seront plus faciles à déjouer, car les électeurs se connaissant tous, se surveilleront mutuellement et feront eux-mêmes la police.

En dehors des électeurs de la circonscription, il est certaines personnes qui ont leurs entrées dans les réunions publiques électorales : ce sont les candidats. Sous l'Empire, on exigeait d'eux un serment; cette formalité a été abolie, et rien ne prouve plus qu'une personne se porte candidat, que sa simple affirmation. Cet état de choses peut certainement amener des abus : une personne pourra alors facilement entrer dans une réunion électorale; il lui suffira de déclarer qu'elle a l'intention de solliciter les suffrages des électeurs. Mais, d'autre part, il y aurait beaucoup d'inconvénients à gêner, par des formalités arbitraires, l'apparition de candidatures nouvelles à un moment quelconque de la période électorale.

Le candidat, en cas d'empêchement, peut se faire représenter à la réunion par un mandataire; le projet du gouvernement ne lui accordait le droit d'entrer dans les assemblées électorales qu'en l'absence de son mandant. Sur les observations de M. Gatineau, le ministre de l'Intérieur accepta une modification du texte de l'art. 5 (dernière phrase). On a fait remarquer qu'un candidat ne peut assister personnellement à toutes les réunions qui peuvent avoir lieu, parfois le même jour, sur des points assez éloignés l'un de l'autre. En son absence, son mandataire a pu prendre certains engagements ; si le candidat n'est pas accompagné de son représentant, il lui sera parfois difficile d'être mis au courant de tous les incidents des séances précédentes auxquelles il n'a pas assisté.

A côté de cette première exception en faveur des mandataires des candidats, s'en place une autre qui s'explique moins facilement.

Tous les membres des deux Chambres ont le droit d'assister aux réunions électorales. Semblable dérogation en faveur des députés du même département se comprendrait encore; mais, s'appliquant à tous les sénateurs et députés de la France elle devient inutile, fâcheuse même, car elle marque de leur part une tendance à vouloir s'affranchir, sans nécessité, des contraintes d'une stricte égalité.

Au point de vue des formalités matérielles, les réunions électorales ne diffèrent qu'en un seul point des réunions ordinaires. Comme celles-ci elles nécessitent une déclaration préalable et la formation d'un bureau; elles sont interdites sur la voie publique et n'échappent pas au contrôle du fonctionnaire délégué.

A la Chambre des députés, M. Maigne avait insisté pour que les réunions électorales fussent affranchies de la présence du représentant du gouvernement, sous prétexte qu'il n'était pas convenable que le suffrage universel s'exerçât sous la surveillance de la police; que cela était peu conforme à la majesté du peuple souverain et à la dignité du suffrage universel. La Chambre avait voté un amendement en ce sens; mais le Sénat a refusé de consacrer une exception qui ne se justifiait par aucune raison sérieuse.

La commission de la Chambre avait cru devoir dispenser de la déclaration préalable les réunions électorales tenues dans les communes de moins de 3.000 habitants; cette dérogation au droit commun des réunions s'accordait assez mal avec les théories qu'elle avait précédemment soutenues par l'organe de son rapporteur. M. Naquet avait admis, en effet, que la déclaration a un double but : avertir l'autorité, la mettre en demeure de protéger la liberté des citoyens qui s'assemblent. S'il en est ainsi, on ne comprend pas une exception en faveur des réunions électorales, seulement dans les communes de moins de 3.000 habitants. Si on admet qu'à cause de la faible étendue de la circonscription, le maire sera nécessairement averti qu'un candidat veut solliciter les suffrages des électeurs, il n'y a pas de bonnes raisons pour distinguer les réunions électorales des autres, et pour favoriser les premières; car, c'est surtout pendant une période électorale que, la politique aidant, il peut se faire que le maire favorise, par une coupable inaction des désordres graves.

Dans l'art. 3, adopté par la Chambre des députés, le délai entre la déclaration et la réunion pouvait n'être que de deux heures, si celle-ci était organisée par un sénateur, un député, un conseiller général ou un conseiller d'arrondissement, dans les limites de la circonscription électorale qui l'a élu. M. Cunéo-d'Ornano demandait même que la déclaration ne fût pas exigée en pareil cas ; il voyait grand avantage à ce que l'élu pût se mettre aussi facilement que possible en relation avec ses commettants.

C'était là l'application de l'idée que M. Naquet avait développée dans son premier rapport : liberté absolue des réunions dans les communes comprenant moins de 300 âmes. Ce dernier amendement ne fut pas pris en considération par la Chambre ; elle se borna à réduire à deux heures le délai qui suit la déclaration.

Le Sénat n'admit pas l'art. 3 ainsi rédigé, il supprima le § 2 trouvant qu'une faveur aussi exceptionnelle, accordée à une classe restreinte de citoyens, n'était pas suffisamment justifiée, et que l'intérêt général du pays ne la réclamait nullement.

Sous l'empire de la loi de 1868, les réunions électorales pouvaient se tenir, à partir de la promulgation du décret de convocation du collège, jusqu'au cinquième jour précédant l'élection. Ce délai était ce que les orateurs du gouvernement nommaient la période de recueillement ; ils y voyaient une mesure ayant pour objet d'assurer la liberté des votes et la loyauté des opérations.

« Il convient, dit M. Dubois dans son commen-
« taire de la loi de 1868, que chaque électeur, après
« avoir entendu les explications des candidats et pris
« connaissance de leurs titres, fixe son choix libre-

« ment, consciencieusement, *personnellement*, à
« l'abri des influences et des impressions précipitées,
« qui pourraient surprendre sa conviction et fausser
« l'expression de ses véritables sentiments. Tout con-
« court à justifier cette réserve des cinq derniers
« jours que M. E. Picard, par une expression qu'il ne
« voulait que piquante et qui s'est trouvée juste, qua-
« lifiait devant le Corps législatif de *retraite élec-*
« *torale.* »

Il est permis de douter que l'interdiction des réunions publiques pendant cette période de cinq jours,
apporte grand apaisement dans les esprits, et que les
électeurs fassent alors choix d'un candidat avec plus
d'impartialité ; car, s'il n'y a plus de réunions publiques, rien n'empêche les électeurs d'organiser des
réunions privées. Le danger que le gouvernement
avait voulu conjurer se trouve ainsi aggravé, car les
candidats sont exposés à des attaques auxquelles il
leur est impossible de répondre.

Aujourd'hui, les réunions publiques sont autorisées jusqu'au jour du scrutin exclusivement. Cette
exclusion se justifie très aisément : si en effet, une
réunion avait lieu quand le scrutin est ouvert, il
pourrait s'y produire des incidents ; des électeurs
viendraient y apporter des dénonciations contre des
candidats, et ceux-ci n'auraient peut-être pas le
temps de réfuter des calomnies lancées à la dernière
heure, et destinées à entraîner quelques votes.

Une exception à cette règle est faite en faveur des

élections qui peuvent comporter plusieurs tours de scrutin dans la même journée. Dans ce cas, il faut bien permettre à un candidat de se désister après une première épreuve, et d'engager les électeurs qui ont voté pour lui à reporter leurs voix sur telle ou telle personne qu'il leur désigne. De plus, dans ces élections, les votants sont en nombre assez restreint; ils présentent de plus des garanties que les autres électeurs n'offrent pas au même degré; il y a donc peu à craindre que certains d'entre eux votent d'une façon irréfléchie.

Nous avons vu que, en somme, la loi soumet les réunions électorales à la règle commune, et que les seules exceptions admises sont, d'une part, l'abréviation du délai qui suit la déclaration, et, d'autre part, la permission de tenir des réunions publiques le jour du vote, quand il peut y avoir plusieurs tours de scrutin dans la même journée. Dans ce dernier cas, la réunion peut suivre immédiatement la déclaration.

CHAPITRE III.

PÉNALITÉS ET RESPONSABILITÉS.

Nous n'avons pas à distinguer ici, pour l'application des peines et l'étude des responsabilités, les réunions électorales des autres réunions publiques. Nous verrons pourtant qu'il y a un délit qui est spécial aux périodes électorales.

Les peines à appliquer sont celles de la simple police :

« *Toute infraction aux dispositions de la pré-*
« *sente loi sera punie des peines de simple po-*
« *lice.* » (Art. 10).

Le texte présenté par la commission était tout différent. Il édictait une amende de 100 à 500 francs et un emprisonnement de 15 jours à 2 mois, ou l'une des deux peines seulement.

M. Gatineau attaqua très vivement cet article et montra que la commission avait dépassé la mesure, en érigeant en délits des faits qui ne sont que des contraventions de police. Par exemple : la clôture tardive d'une réunion peut faire encourir au bureau une peine s'élevant jusqu'à 2 mois de prison et 500 francs d'amende, tandis que, de droit commun, la peine serait d'une amende la première fois, et, en cas de récidive, de 3 jours de prison au maximum. De plus, par cette sévérité exagérée, le but de la loi serait complétement manqué, car ces condamnations ont souvent pour effet de donner à celui qui en est frappé une notoriété qu'il ne manque pas d'exploiter dans les élections.

Le texte de l'art. 10 semble bien clair, et pourtant on a tenté de soulever une difficulté sur l'interprétation à lui donner. On a soutenu que la loi, en déclarant les peines de simple police applicables en notre matière, avait entendu dire que la première fois une amende seule devait être appliquée; la peine de l'emprisonnement ne pouvant être prononcée que pour le cas de récidive.

Voici dans quelles circonstances la question s'est posée : Un juge de simple police avait appliqué cumulativement une peine pécuniaire et un emprisonnement; à la suite de ce jugement, un pourvoi fut formé devant la Cour de cassation.

Le demandeur se fondait sur ce motif que la loi de 1881 avait été violée dans l'application qu'en avait fait le juge de paix.

Il semble, au contraire, que le texte de l'art. 10 ne laisse pas de doute sur la signification qu'on doit lui donner. En disant, d'une façon générale, que les peines à appliquer seront celles de la simple police, il est évident que le législateur a entendu se référer aux art. 465 et 466 du Code pénal, qui fixent le montant des peines qu'un tribunal de simple police peut appliquer. « Lorsque la loi pénale, dit Carnot sur « l'art. 464, déclare que tel fait sera puni des peines

« de police, il rentre dans le pouvoir discrétionnaire
« des tribunaux de prononcer cumulativement celles
« de l'emprisonnement et de l'amende, ou de ne
« prononcer que l'une de ces deux peines; ils ont
« sur ce point toute la latitude désirable. — Quand
« la loi a déterminé le genre de peine applicable à
« la contravention qu'elle réprime, les tribunaux
« commettraient un excès de pouvoir s'ils en substi-
« tuaient un autre. Lorsque la loi se borne, au con-
« traire, à déclarer que la contravention sera punie
« des peines d'emprisonnement et d'amende, l'une
« et l'autre de ces peines doivent être cumulative-
« ment appliquées. »

Le pourvoi se fondait également sur la nature spéciale des peines de police, et sur ce principe d'é-quité qui veut, qu'en cas d'ambiguité de la loi, la peine la plus douce soit seule encourue.

On peut répondre au premier moyen de cassation que l'amende n'est pas toujours appliquée à la première contravention : on peut citer des cas dans lesquels la peine de l'emprisonnement est pro-noncée la première fois; la règle invoquée n'est donc pas générale.

Pour qu'on puisse arguer du principe d'équité en vue de faire admettre la peine la moins forte, il faut que la loi laisse effectivement place à quelque doute. Si les raisons développées par M. Gatineau à l'appui de son amendement, qui est devenu l'art. 10, peuvent prêter quelque appui à la prétention du

demandeur en cassation, le texte absolu voté par la
Chambre n'admet pas de restriction. Dès l'instant
que la condamnation ne dépasse pas le maximum
fixé par les peines de simple police, elle est inatta-
quable.

« Si le système du pourvoi était fondé, disait
« M. le conseiller Tanon dans son rapport, il fau-
« drait admettre, non seulement que l'amende peut
« seule être prononcée pour une première infraction,
« mais encore que c'est l'amende de l'art. 471, § 15,
« de même que l'emprisonnement en récidive serait
« seulement celui de 3 jours fixé par l'art. 474.

« La disposition si précise dans ses termes de
« l'art. 10 résiste à une telle interprétation. Le texte
« primitif de l'article, tel qu'il était soumis par la
« commission aux délibérations de la Chambre des
« députés, punissait les infractions à la loi d'une
« amende de 100 à 500 francs et d'un emprisonne-
« ment de 15 jours à 2 mois. Le texte nouveau, qui
« a été adopté par voie d'amendement, s'est borné à
« substituer à ces peines celles de la simple police.
« Il ne semble pas qu'il soit possible d'abaisser
« encore, par voie d'interprétation, cette pénalité à
« celle qui frappe les contraventions de police les
« plus légères. On le comprendrait d'autant moins,
« que l'art. 10 constituant l'unique disposition édic-
« tée pour la répression de nombreuses infractions
« qui diffèrent notablement par leur nature et leur
« gravité, il convenait de laisser au juge une cer-

« taine latitude dans l'application de la peine. »
(D. 83, 1, 45).

De ce que les infractions à la loi sur les réunions
sont de simples contraventions, il résulte que l'intention n'est pas nécessaire pour qu'une peine puisse être
appliquée. Il faut cependant, aux termes d'un arrêt de
cassation du 9 décembre 1859, que le fait incriminé
ait été volontairement et librement accompli.

Les infractions visées par l'art. 10 sont celles qui
résultent de l'inobservation des formalités prescrites
par la présente loi, c'est-à-dire : le défaut de déclaration ou les irrégularités dans une déclaration effec-
tuée ; la tenue d'une réunion publique dans des
conditions de temps et de lieu différentes de celles
qui sont autorisées par la loi, et énoncées dans la déclaration ; l'absence totale de bureau ou sa composition incomplète ; la présence de non-électeurs dans
la réunion si elle est électorale.

Trois classes de personnes peuvent avoir à répondre des infractions que nous venons d'énoncer :
les déclarants, les membres du bureau, les organisateurs.

Responsabilité des déclarants et du bureau.

Il est une remarque à faire relativement à la responsabilité des déclarants : une condition essentielle
pour qu'il y ait infraction, c'est que la réunion se
soit effectivement tenue. Quelles qu'aient été les irré-

gularités commises dans l'une des formalités prescrites, elles ne motiveront aucune poursuite si la réunion projetée n'a pas lieu ; car alors, l'action publique qui a pour raison d'être l'intérêt de la société, n'a pas à intervenir puisque l'ordre public n'a pas été menacé.

Les déclarants sont responsables dans les cas suivants :

Si la déclaration n'est pas revêtue de deux signatures ;

Si l'un des signataires n'est pas domicilié dans la commune où la réunion a lieu ;

Si les signataires ne jouissent pas de leurs droits civils et politiques ;

Si leurs noms, domiciles, qualités ne sont pas énumérés d'une façon exacte et complète ;

Si le lieu, le jour et l'heure ne sont pas mentionnés ;

Si le genre de réunion n'est pas indiqué dans la déclaration ;

Si la déclaration n'a pas été remise à l'autorité compétente.

On peut remarquer que, dans ces divers cas, les déclarants ont à répondre de l'inobservation de formalités précédant la réunion. C'est qu'en effet, jusqu'à ce moment, ils sont les seules personnes qui puissent être considérées comme responsables des infractions à la loi ; mais quand le bureau a été constitué, c'est lui qui personnifie en quelque sorte la réunion. Il n'y a pas à distinguer selon que le bureau est nommé par l'assemblée elle-même, ou qu'il est désigné par les déclarants ; car, dans ce dernier cas, les membres du bureau, s'ils ont eu connaissance de la désignation, et s'ils ne l'ont pas déclinée, doivent évidemment être considérés comme responsables de toutes les infractions à la loi. Puisqu'ils ont consenti à prendre la direction de la réunion, ils ont dû veiller à ce que les formalités exigées soient scrupuleusement remplies ; la responsabilité des déclarants se trouve alors dégagée. Et, si le choix du bureau, a été réservé à l'assemblée elle-même, la loi prend soin de dire que, jusqu'à la formation du bureau les déclarants sont responsables ; mais après que le bureau a été installé, il endosse la responsabilité de tout ce qui s'est fait précédemment. Il doit savoir qu'il y a de nombreuses formalités à remplir, il a dû se faire fournir la preuve qu'elles ont été accomplies ; s'il ne l'a pas fait il est en faute d'avoir ouvert la réunion et doit alors en subir personnellement la responsabilité. Les membres du bureau sont responsables dans les cas suivants :

S'il n'y a pas eu de déclaration préalable ;

Si la déclaration ne remplit pas les conditions prescrites par l'art. 2 ;

Si la réunion a lieu avant l'expiration du délai qui doit suivre la délivrance du récépissé ;

Si la réunion est tenue sur la voie publique, ou se prolonge au-delà de l'heure fixée pour la fermeture des lieux publics ;

Si le bureau est incomplet ;

Si la réunion change de caractère ;

Si une réunion électorale, au sens de l'art. 5, se tient en dehors de la période fixée par la loi.

Responsabilité des organisateurs.

Qu'est-ce que les organisateurs ? Il faut entendre par là ceux qui ont eu l'initiative de la réunion, qui ont pris soin de chercher un local, ont veillé à la confection des affiches destinées à prévenir le public, etc. Il se peut en effet que les signataires n'aient fait que donner leur nom, et ne se soient pas occupés d'organiser la réunion.

Sauf dans un seul cas, les organisateurs ne peuvent, selon nous, avoir leur responsabilité engagée pour des infractions à la loi de 1881. Lorsque le bureau est constitué, elle retombe tout entière sur le président et ses assesseurs ; avant sa formation, sur les signataires de la déclaration. On ne voit pas trop quelle place resterait alors pour la responsabilité des organisateurs.

Certains auteurs font retomber sur les organisateurs une partie de la responsabilité que nous faisons peser sur les déclarants. Nous ne saurions admettre un tel système ; pourquoi parler des organisateurs quand la loi n'en a pas fait mention ? Nous ne voyons pas qu'on puisse s'en prendre à eux en laissant de côté les déclarants. S'il en était ainsi, on ne comprendrait pas pourquoi certaines conditions de capacité ont été exigées des signataires de la déclaration. Si le législateur a voulu que les déclarants jouissent de leurs droits civils et politiques, c'est pour être assuré que, le cas échéant, la justice se trouvera en présence de personnes offrant des garanties d'honorabilité, et non pas en face de gens peut-être sans aveu. Si telle est bien l'idée contenue dans le texte de la loi, il faut avouer qu'elle est étrangement méconnue, si on permet aux organisateurs de se substituer ainsi aux déclarants.

Dans un seul cas les organisateurs seront exposés à des poursuites : c'est quand il n'y aura pas eu de déclaration préalable. Force est bien de faire retomber sur eux la responsabilité encourue ; mais si le bureau a été constitué, c'est lui seul qui aura à répondre des infractions à la loi sur les réunions publiques.

Cette solution est confirmée par un arrêt de la Cour de cassation. Voici dans quelles circonstances l'affaire se présentait.

Au mois d'août 1882, une réunion fut organisée à Avignon : elle eut lieu sans déclaration préalable, et le bureau fut formé de citoyens non élus par l'assemblée.

Procès-verbal fut dressé contre les membres du bureau, ainsi constitué, pour infraction aux art. 1, 2 et 4 de la loi du 30 juin 1881.

Le tribunal de police les acquitta par ce motif qu'ils n'avaient pas été élus par l'assemblée.

Devant la Cour de cassation s'est présentée la question de savoir sur qui pèse la responsabilité pénale de l'infraction : ou des organisateurs de la réunion, ou des membres du bureau non élus par l'assemblée.

La Cour a décidé que les citoyens membres du bureau, élus ou non par le public, étant astreints à certaines obligations que leur impose la loi (art. 8 notamment) étaient tenus tout d'abord de vérifier la régularité de la réunion ; qu'ils devaient s'assurer que toutes les prescriptions légales avaient été accomplies, et que pour ne l'avoir pas fait et avoir ouvert néanmoins la réunion, ils étaient pénalement et personnellement responsables des contraventions antérieurement commises.

Responsabilité des assistants.

Dans un cas seulement les assistants peuvent, par le seul fait de leur présence dans la réunion, commettre une infraction à la loi : c'est quand la réunion est électorale ; les non-électeurs devaient en être rigoureusement exclus. S'ils s'y introduisent, ils se rendent coupables d'une contravention et sont passibles des peines de simple police.

L'autorité préfectorale ou municipale peut-elle engager sa responsabilité en refusaut de recevoir une déclaration de réunion publique, ou d'en donner reçu ?

La commission de la Chambre des députés avait proposé, par addition à l'art. 10, un paragraphe qui instituait pour les agents de l'autorité, désignés à l'art. 2, un délit puni d'une amende de 16 à 500 fr. et d'un emprisonnement de 1 à 6 mois. La poursuite pouvait avoir lieu sur la requête du ministère public ou sur la plainte des parties lésées.

M. Corentin Guyho, au nom de la commission, défendit cette proposition et soutint qu'elle était nécessaire pour assurer le fonctionnement de la loi. Il y avait là une mesure de méfiance à l'égard des maires, mais elle était justifiée, au dire de l'orateur, par ce fait qu'ils sont les mandataires de la commune avant d'être les représentants du pouvoir central. On pouvait trouver à cette règle un précédent dans la loi du 30 novembre 1875 (art. 3, § 3) qui prononce une amende contre les maires et les adjoints ayant porté atteinte à la liberté des élections, en distribuant eux-mêmes des bulletins de vote.

Le garde des Sceaux répondit que le refus d'un maire de recevoir une déclaration, ou d'en délivrer un récépissé était un des actes d'administration auxquels il n'y a pas de sanction. C'est ainsi qu'on ne peut forcer un maire à légaliser une signature, à célébrer un mariage. Le ministre repoussa énergiquement le droit d'accusation privée que la commission voulait rétablir, au mépris du principe contraire admis depuis l'institution du ministère public.

Les auteurs de cet amendement avaient eu pour

but de soustraire les citoyens à l'arbitraire de l'administration ; ils avaient voulu avoir un moyen de forcer le maire à délivrer le récépissé. Cet article additionnel eût été en effet très-utile, si la Chambre eût adopté l'art. 2 de la loi tel qu'il était demandé par le gouvernement. Mais l'article de la commission permettant de remplacer le récépissé du maire par une attestation signée de deux témoins ayant été accepté, l'utilité de l'amendement proposé à l'art. 10 devenait plus contestable ; il n'y a donc pas à regretter qu'il ait été rejeté par la Chambre.

L'art. 463 du Code pénal, relatif à l'admission des circonstances atténuantes, est applicable ici. Nous avons fait remarquer précédemment que les infractions à notre loi qui constituent de simples contraventions de police, n'exigent pas que le contrevenant ait agi avec intention ; l'infraction matérielle suffit pour engager sa responsabilité. Mais, au point de vue de l'application de l'art. 463, il pourra être très-utile d'examiner s'il y a eu bonne ou mauvaise foi.

L'art. 11 déclare que l'action privée et l'action publique se prescrivent par six mois. Par une raison de faveur à l'égard des réunions le législateur a diminué de moitié la durée des délais. De droit commun la prescription ne se trouve acquise qu'au bout d'une année.

L'art. 10, dans son dernier alinéa, ajoute que les

peines portées pour les contraventions à la loi sur les réunions publiques seront appliquées « sans préjudice des poursuites pour crimes ou délits qui pourraient être commis dans les réunions » tels que tumulte, coups, voies de fait sur la personne d'un orateur, etc.

Les différents crimes et délits qui peuvent être commis dans une réunion publique ne sauraient être énumérés limitativement. Ceux qui se produisent le plus ordinairement ont été, pour la plupart, visés et réprimés dans les art. 23 à 41 de la loi du 29 juillet 1881, sur la liberté de la presse.

L'art. 23 considère comme complices d'une action qualifiée crime ou délit ceux qui, soit par des discours, soit par des cris ou menaces proférés dans des réunions publiques, auraient directement provoqué l'auteur ou les auteurs, si la provocation a été suivie d'effet. Les articles suivants visent le cas où il y a eu provocation à commettre un meurtre, un pillage, un crime contre la sûreté de l'état, etc., même lorsqu'elle n'est pas suivie d'effet. Parmi les délits contre la chose publique la loi sur la presse cite : les offenses envers le Président de la République, les outrages aux bonnes mœurs ; et, parmi les délits contre les personnes : les diffamations et atteintes à l'honneur et à la considération, tant des simples citoyens que des chefs d'État et des agents diplomatiques étrangers.

CHAPITRE IV.

L'avant dernier article de la loi abroge toutes les anciennes dispositions précédemment en vigueur. La formule à employer n'est pas sans importance; bien souvent des difficultés surgissent sur le point de savoir si un texte ancien a ou n'a pas été abrogé par une loi postérieure en date, parce que celle-ci n'est pas assez explicite. Le texte voté par la Chambre des députés était ainsi conçu :

« Le décret du 28 juillet 1848, le décret du 25 mars « 1852, la loi des 6-10 juin 1868 sont abrogés *dans* « *toutes celles de leurs dispositions* qui concernent « le droit de réunion, notamment dans le § 1er de « l'article 3 de la même loi. » Ce libellé n'était pas à l'abri de toute critique : il déclarait abroger le décret du 25 mars 1852 et la loi des 6-10 juin 1868 dans toutes celles de leurs dispositions concernant le droit de réunion; il semblait donc que ces lois réglaient d'autres objets, ce qui n'était pas exact. On pouvait y relever encore une expression peu correcte :... sont abrogés... notamment... Cela semblait faire croire que certains articles des lois anciennes n'étaient pas abrogés comme les autres.

La commission du Sénat, par l'organe de son rapporteur, M. Labiche, a proposé pour l'article 12 la rédaction suivante, qui a été adoptée :

« *Le décret du 28 juillet 1848, demeure abrogé,*

« *sauf l'article 13, qui interdit les sociétés secrètes* .
« *Sont également abrogés : le décret du 25 mars*
« *1852, la loi des 6-10 juin 1868 et toutes disposi-*
« *tions contraires à la présente loi.* »

Cette formule a l'avantage de trancher par avance
une difficulté que l'abrogation du décret de 1852 eût
peut-être soulevée : on aurait pu soutenir que le décret de 1848 étant lui-même abrogé, l'article 13 prohibant les sociétés secrètes n'était plus en vigueur.
Le Sénat a agi prudemment en déclarant formellement que l'article 13 continuerait à recevoir son
application.

Des lois qui ont été abrogées, il n'est pas inutile
de rapprocher celles qui sont restées en vigueur.

Des clubs.

Nous avons précédemment essayé d'indiquer en
quoi consiste le club. Nous avons vu qu'il se place
entre l'association et la réunion en empruntant à
chacune d'elles des traits essentiels. A l'association
il prend son organisation formée d'un certain nombre
de membres qui en constituent la partie permanente ;
à la réunion, la publicité de ses séances dans un local
ouvert au public.

Nous avons décidé également, malgré cette confusion apparente, que le club devait être considéré
comme une association d'une espèce particulière.

L'art. 7 du projet de la Chambre des députés le

prohibait sans oser l'appeler par son nom : « Toutes
« les réunions publiques périodiques dans le but de
« traiter de matières politiques sont interdites ; tou-
« tefois cette interdiction ne s'applique pas aux con-
« férences. »

Des orateurs demandèrent la suppression pure et
simple de l'article, estimant qu'il n'y avait aucun
danger à ce que les citoyens pussent se réunir tous
les jours, à toute heure, pour traiter des questions
politiques ; ils ne reconnaissaient au gouvernement le
droit d'intervenir que dans le cas où les réunions
prenaient un caractère alarmant pour la tranquillité
publique.

La Chambre n'admit pas cette théorie qu'elle trouvait trop libérale ; elle considéra qu'il était dangereux
de laisser, à des sociétés sans mandat, le moyen de
semer dans tout le pays une agitation factice. La tentative faite en 1848 pour laisser toute liberté aux
assemblées populaires, avait paru concluante, et pour
beaucoup de personnes elle contenait la condamnation
irrévocable des réunions publiques délibérantes.

Cependant l'article proposé par la commission
n'était pas assez clair ; il lui fut renvoyé, et, après un
nouvel examen, le rapporteur déclara qu'il l'aban-
donnait, attendu que le club étant une association, il
devait être soumis aux articles 291 à 294 du Code
pénal et à la loi de 1834. C'était donc à propos de la loi
sur les associations qu'il y avait lieu suivant lui d'examiner si les clubs devaient être permis ou prohibés,

mais jusqu'alors la question devait être réservée.

Le ministre de l'Intérieur demanda le maintien de l'art. 7, ainsi conçu : « Les clubs demeurent interdits. » Il y avait en effet grand intérêt à ce que le silence de la loi sur ce point ne pût laisser croire que la législation de 1848 était remise en vigueur.

C'est en ces termes que l'article a été voté par la Chambre. Le Sénat l'a adopté sans modification.

Attroupements.

A côté des réunions publiques permises, sous la seule condition d'une déclaration préalable, il en est d'autres qui sont absolument interdites, à moins d'autorisation spéciale, ce sont celles qui se tiennent sur la voie publique, autrement dit les attroupements.

La loi qui les prohibe est du 7 juin 1848; mais elle n'est qu'une modification de lois antérieures dont la première, datant de la révolution de 1789, est connue dans l'histoire sous le nom de loi martiale (21 octobre-21 novembre 1789).

Aux termes de cette loi, quand la paix publique était troublée, les municipalités étaient tenues de déclarer que la force militaire devait être déployée à l'instant contre les perturbateurs. Cette déclaration se faisait en exposant à la principale fenêtre de la maison de ville, et en portant dans les rues et carrefours, un drapeau rouge.

A ce signal, tous les attroupements, avec ou sans

armes, devenaient criminels et devaient être dispersés par la force.

Les dispositions si rigoureuses de la loi martiale, qui d'ailleurs s'expliquent par les circonstances dans lesquelles elle a été rendue, furent un peu modifiées par le décret des 26, 27 juillet-3 août 1791 qui règle les cas dans lesquels la force armée peut être requise de disperser les attroupements. Il avait soin de définir l'attroupement (art. 9). « Sera réputé attroupement séditieux, et puni comme tel, tout rassemblement de plus de 15 personnes s'opposant à l'exécution d'une loi, d'une contrainte ou d'un jugement. » De plus, par une disposition finale intitulée acte additionnel à la loi martiale, le décret du 3 août 1791 réservait le champ d'application de la loi martiale aux seuls cas où le repos public serait habituellement menacé.

Sous le gouvernement de Juillet, la loi du 10 avril 1831 compléta et modifia le décret du 3 août 1791 en déterminant quels sont les fonctionnaires autorisés à dissiper les attroupements. De plus, elle déclara qu'il était nécessaire de faire trois sommations précédées chacune d'un roulement de tambour; si elles restaient sans effet, l'emploi de la force était alors légitime. Les peines variaient suivant que les citoyens s'étaient dispersés après la seconde ou seulement après la troisième sommation.

Les attroupements sont aujourd'hui réglementés par la loi du 7 juin 1848, dont voici le texte.

Loi du 7 juin 1848 sur les attroupements.

Art. 1er. — Tout attroupement armé formé sur la voie publique est interdit. Est également interdit, sur la voie publique, tout attroupement non armé qui pourrait troubler la tranquillité publique.

Art. 2. — L'attroupement est armé : 1° quand plusieurs des individus qui le composent sont porteurs d'armes apparentes ou cachées; 2° lorsqu'un seul de de ces individus, porteur d'armes apparentes, n'est pas immédiatement expulsé de l'attroupement par ceux-là mêmes qui en font partie.

Art. 3. — Lorsqu'un attroupement, armé ou non armé, se sera formé sur la voie publique, le maire ou l'un de ses adjoints, et, à leur défaut, le commissaire de police ou tout autre agent ou dépositaire de la force publique et du pouvoir exécutif, portant l'écharpe tricolore, se rendra sur le lieu de l'attroupement. — Un roulement de tambour annoncera l'arrivée du magistrat. — Si l'attroupement est armé, le magistrat lui fera sommation de se dissoudre et de se retirer. — Cette première sommation restant sans effet, une seconde sommation, précédée d'un roulement de tambour, sera faite par le magistrat. — En cas de résistance, l'attroupement sera dissipé par la force. — Si l'attroupement est sans armes, le magistrat, après le premier roulement, exhortera les citoyens à se disperser. S'ils ne se dispersent pas, trois sommations seront successivement faites. — En cas de résistance, l'attroupement sera dissipé par la force.

Art. 4. — Quiconque aura fait partie d'un rassemblement armé sera puni comme il suit : — Si l'attroupement s'est dissipé après la première sommation, et sans avoir fait usage de ses armes, la peine sera d'un mois à un an d'emprisonnement. Si l'attroupement est formé pendant la nuit, la peine sera d'un an à trois ans d'emprisonnement. — Néanmoins, il ne sera prononcé aucune peine pour fait d'attroupement contre ceux qui, en ayant fait partie sans être personnellement armés, se seront retirés sur la première sommation de l'autorité. — Si l'attroupement ne s'est dissipé qu'après la deuxième sommation, mais avant l'emploi de la force, et sans qu'il ait fait usage de ses armes, la peine sera de un à trois ans, et de deux à cinq ans, si l'attroupement s'est formé pendant la nuit. — Si l'attroupement ne s'est dissipé que devant la force, ou après avoir fait usage de ses armes, la peine sera de 5 à 10 ans de détention pour le premier cas, de 5 à 10 ans de réclusion dans le second cas. Si l'attroupement est formé la nuit la peine sera la réclusion. — L'aggravation de peine résultant des circonstances prévues par la disposition du § 5 qui précède ne sera applicable aux individus non armés faisant partie d'un attroupement réputé armé dans le cas d'armes cachées, que lorsqu'ils auront eu connaissance de la présence dans l'attroupement de plusieurs personnes portant des armes cachées, sauf l'application des peines portées par les autres paragraphes du présent article. — Dans tous les cas prévus par les 3e, 4e et 5e paragraphes du présent article, les coupables condamnés à des peines de police correctionnelle, pourront être interdits pendant un an au moins et cinq ans au plus, de tout ou partie des droits mentionnés en l'art. 42 du Code pénal.

Art. 5. — Quiconque faisant partie d'un attroupement non armé, ne l'aura pas abandonné après le roulement de tambour précédant la deuxième sommation, sera puni d'un emprisonnement de quinze jours à six mois. — Si l'attroupement n'a pu être dissipé que par la force, la peine sera de six mois à deux ans.

Art. 6. — Toute provocation directe à un attroupement armé ou non armé, par des discours proférés publiquement, et par des écrits ou des imprimés, affichés ou distribués, sera puni comme le crime et le délit, selon les distinctions ci-dessus établies. — Les imprimeurs, graveurs, lithographes, afficheurs et distributeurs seront punis comme complices quand ils auront agi sciemment. — Si la provocation faite par les moyens ci-dessus n'a pas été suivie d'effet, elle sera punie, s'il s'agit d'une provocation à un attroupement nocturne et armé, d'un emprisonnement de six mois à un an; s'il s'agit d'un attroupement non armé, l'emprisonnement sera de un mois à trois mois.

Art. 7. — Les poursuites dirigées pour crime ou délit d'attroupement ne feront aucun obstacle à la poursuite pour crimes ou délits particuliers qui auraient été commis au milieu des attroupements.

Art. 8. — L'art. 463 du Code pénal est applicable aux crimes et délits prévus et punis par la présente loi.

Art. 9. — La mise en liberté provisoire pourra toujours être accordée avec ou sans caution.

Art. 10. — (*Abrogé par l'art. 4 du décret du 25 février 1852*).

Cette loi s'éloigne, sous quelques rapports, des lois antérieures ; mais les principes essentiels sont conservés.

Parmi les points nouveaux admis figure la grande distinction en attroupements armés et non armés. Dans les premiers les citoyens se rendent coupables d'un crime, dans les seconds, de simples délits. — La provocation est punie comme le crime même. — La juridiction est celle de la Cour d'assises. Pour les sommations à faire il faut distinguer entre l'attroupement armé et l'attroupement non armé ; la loi de 1831, au contraire, n'établissait entre eux aucune distinction.

La loi du 22 juillet 1879, relative au siége du pouvoir exécutif et des Chambres à Paris, punit d'un emprisonnement de quinze jours à six mois tout rassemblement ayant pour objet d'apporter des pétitions à la barre de l'une des Chambres.

Il n'est d'ailleurs dérogé en rien à la loi du 7 juin 1848 sur les attroupements.

Nous sommes amenés maintenant à examiner un certain nombre de controverses qui se rattachent à l'étude du droit de réunion.

Comités électoraux.

Aux époques fixées pour le renouvellement des Chambres, il arrive, la plupart du temps, que des comités se forment dans le but de choisir et de faire prévaloir des candidatures. On ne peut refuser aux électeurs le droit d'élire parmi eux un comité chargé d'étudier les titres des candidats en présence, et de désigner à leurs concitoyens ceux qui lui paraissent mériter leurs suffrages. Restreinte à ces termes, la question ne présente aucune difficulté ; il est certain qu'on ne saurait reprocher aux citoyens de s'éclairer sur le mérite respectif des candidats. Mais, devons-nous décider de même quand les comités électoraux, au lieu de limiter leur action à leur circonscription, étendent leur action en dehors, en se mettant en rapport avec d'autres comités. La question n'a pas été traitée dans la loi sur les réunions publiques, pas plus que dans la loi électorale. Nous sommes forcés de remonter à la loi de 1834, et d'étudier la discussion qui l'a précédée : nous y trouvons les éléments de notre solution.

Lors de la discussion de cette loi, la Chambre des députés avait été saisie d'un amendement déclarant la loi inapplicable « aux réunions électorales qui auraient lieu dans chaque département, après l'ordonnance de convocation du collège, à moins qu'il n'y ait affiliation avec d'autres réunions du même genre dans d'autres départements. » La commission de la Chambre l'adopta et le défendit en ces termes par l'organe de M. Martin (du Nord).

« Nous vous proposons de déclarer hautement que
« la loi ne peut avoir pour conséquence de priver
« les citoyens, dans le moment où le pays est appelé
« à exercer l'une de ses plus importantes préroga-
« tives, du droit de se réunir, de balancer les titres
« des candidats, d'apprécier leur conduite politique
« et de désigner à la confiance publique les hommes
« qui leur en paraissent les plus dignes. »

Le rapporteur ajouta que de semblables réunions, provoquées par le besoin d'un moment, ne présentaient aucun danger tant qu'elles restaient circonscrites dans les limites d'un même département; mais que si on leur permettait de s'affilier à d'autres comités du même genre, dans les autres départements, ce serait autoriser la formation d'associations, et que tel n'était pas le but de l'amendement.

En réalité, l'article additionnel devait être entendu en ce sens que les réunions électorales étaient permises dans le cas où elles avaient pour but de préparer les élections dans un département, mais que,

si leur action s'étendait en dehors de ces limites
pour se joindre à d'autres réunions semblables, destinées à couvrir la France d'un réseau de sociétés
communiquant ensemble, on devait y voir là une association tombant sous le coup du Code pénal et de
la loi proposée.

Cet amendement si précis ne laissait place à aucun
doute; malheureusement il fut retiré. On le trouva
inutile et dangereux : puisqu'il se réduisait à prohiber une espèce particulière de réunions, il était
inutile dans une loi sur les associations; il était
même dangereux, car le gouvernement eût pu
prétendre que les réunions publiques étaient interdites en dehors de la période électorale.

Un membre, M. Leyraud, proposait pourtant de
maintenir dans la loi la mention qu'elle ne s'appliquait pas aux simples réunions électorales. Mais
sur la déclaration du garde des Sceaux, que les comités électoraux ne seraient pas inquiétés, non plus que
les réunions, tous les amendements furent retirés.

Il n'avait été question, dans la dernière partie de
cette discussion, que des réunions électorales tenues
par un comité chargé de préparer les élections, mais
nullement des ligues formées par plusieurs comités
électoraux.

Tel était l'état de la législation quand, sous l'Empire, eut lieu un procès célèbre connu sous le nom
d'affaire des Treize.

Au mois de mars 1863, il s'était formé à Paris un

comité qui avait assumé la tâche de surveiller et de diriger les élections au Corps législatif. Les membres du comité central de Paris furent poursuivis pour avoir fait partie d'une association non autorisée de 20 personnes.

Après un jugement du tribunal de police correctionnelle, en date du 5 août 1864, confirmé par arrêt de la Cour de Paris, du 7 décembre, la Cour de cassation prononça, le 11 février suivant, un arrêt célèbre dont nous détachons la première partie.

« Au fond, sur le moyen pris d'une fausse application et d'une violation des art. 291 et 292 du Code pénal, 1, 2 et 3 de la loi du 10 avril 1834 et d'une violation des principes sur lesquels repose le droit constitutionnel français, en ce que l'arrêt, tout en reconnaissant que la prétendue association dont il déclare l'existence était un comité électoral qui ne s'est jamais occupé que d'élections, a néanmoins décidé que les dispositions des lois précitées lui étaient applicables : attendu que l'art. 291 dispose, en termes généraux, que nulle association de plus de 20 personnes dont le but sera de se réunir tous les jours, ou à certains jours marqués, pour s'occuper d'objets religieux, littéraires ou autres, ne pourra se former qu'avec l'agrément du gouvernement; que l'art. 292 punissait d'une amende de 16 à 200 francs les chefs, directeurs et administrateurs de l'association, que la loi du 10 avril 1834 a eu pour objet d'étendre l'application de ces articles et d'en fortifier la répression ; qu'il ressort de sa discussion que le législateur a voulu comprendre, et a réellement compris dans sa prohibition toutes associations quelconques, sans en excepter celles qui seraient formées en matière électorale ; qu'en admettant que le décret du 28 juillet 1848 eût apporté des modifications à cette loi, le décret du 25 mars 1852, qui en a prononcé l'abrogation et n'en a maintenu que l'art. 13, aurait rétabli l'intégrité des art. 291 du Code pénal, 1 et 2 de la loi du 10 avril 1834 ;..... Rejette, etc.

La question fut reprise au Corps législatif pendant la discussion de l'adresse. Les membres de l'opposition présentèrent un amendement ainsi conçu : « Dans le pays du suffrage universel, on voit les comités électoraux poursuivis sous le nom d'associations illicites, et, pour la première fois, à ceux qui ont le droit d'élire, on conteste le droit de délibérer. » La discussion qui s'éleva alors pour aboutir au rejet de l'amendement n'est pas très lumineuse.

Après avoir rappelé la distinction entre la réunion et l'association, M. Vuitry, ministre président du Conseil d'État, revendiqua pour le gouvernement le droit de déférer aux tribunaux les comités électoraux, dans le cas où certains rapports existant entre eux tendraient à établir leur affiliation.

Au moment du vote de la loi de 1868 il ne fut

fait aucune réserve au profit des comités électoraux. Ce silence ne peut être interprété que dans le sens d'une approbation complète des paroles prononcées dans l'exposé des motifs par M. Chassaigne Goyon, conseiller d'État. L'orateur du gouvernement avait déclaré qu'il n'y avait qu'à s'en référer sur ce point à la loi sur les associations, et à la jurisprudence établie par la Cour de cassation dans l'arrêt précité.

Que conclure de cette longue digression au point de vue de notre droit actuel ? Il nous semble difficile de ne pas approuver sans réserve la doctrine de la Cour de cassation. Du moment qu'un bureau central est chargé de communiquer l'impulsion à des comités en sous-ordre répartis dans les départements, il est impossible de ne pas lui reconnaître tous les caractères d'une association, en supposant, bien entendu, que le nombre des membres soit supérieur à 20. On est dès lors forcé d'appliquer les articles 291 à 294 du Code pénal, et la loi du 10 avril 1834. La question n'a pas été abordée dans la discussion de la loi de 1881. Si elle l'eût été, il est fort probable que la commission eût refusé de la prendre en considération, par la même raison qu'elle avait repoussé l'art. 7 relatif aux clubs : la loi ne s'occupait que du droit de réunion, c'était seulement à propos des associations que la question pouvait être logiquement discutée.

Comités de coalition.

En abordant ici les coalitions, notre but n'est pas d'approfondir dans ses origines et de suivre jusqu'à nos jours le grave problème de l'antagonisme des intérêts des patrons et des ouvriers ; c'est une étude très longue qui ne rentre pas dans le cadre de notre sujet. Nous voulons seulement examiner une question qu'a soulevée la loi du 25 mai 1864.

Le Code pénal, dans ses articles 414, 415, 416, plaçait les ouvriers dans un état d'infériorité absolue vis-à-vis des patrons. A ces derniers il concédait le droit de se concerter pour la défense de leurs intérêts, tandis qu'il le refusait aux ouvriers et sanctionnait cette prohibition de peines très sévères.

Le mouvement socialiste qui signala la révolution de 1848, amena le vote de la loi du 27 novembre 1849 qui abolit une injustice aussi criante en mettant sur la même ligne toutes les coalitions ; elles étaient déclarées coupables, toutes au même degré, quels qu'en fussent les auteurs.

Il arriva alors que les patrons se formèrent en chambres syndicales autorisées, pour pouvoir délibérer sur leurs intérêts. Ces associations n'étaient donc, en réalité, que des coalitions déguisées. Les ouvriers, au contraire, ne pouvaient se coaliser sans s'exposer à des poursuites. Il y avait là une inégalité flagrante à laquelle mit fin la loi du 25 mai 1864, qui reconnaissait aux patrons et aux ouvriers le droit de se réunir pour la défense de leurs intérêts communs. Les actes de fraude et de violence étaient seuls punis conformément au droit commun.

On se demanda alors si le droit de coalition accordé par la loi n'entraînait pas, par là-même, le droit de s'associer, de se réunir. La question avait déjà été posée pendant la discussion de la loi. Le rapporteur, M. Émile Ollivier, répondait par avance à cette objection en délimitant, d'une façon très nette, l'étendue du droit de coalition. « La coalition n'est « pas l'association. On s'associe pour poursuivre, à « l'aide d'une action commune continuée pendant « un certain temps, la réalisation d'une affaire ou « d'une idée; on se coalise pour obtenir par une ac- « tion commune, d'une durée restreinte, un chan- « gement dans les conditions du travail. L'associa- « tion suppose nécessairement une organisation ; la « coalition n'exige qu'une entente momentanée. « L'association crée un intérêt collectif, distinct de « l'intérêt des associés; la coalition donne simple- « ment plus de force à l'intérêt individuel de chaque « coalisé : l'association entre tous suscite l'être moral, « la coalition n'opère qu'un rapprochement fortuit « entre des individus qui ne se fondent pas ensem- « ble. Dans l'association, la majorité arrête des « résolutions qui lient ceux qui n'y ont pas pris part « ou qui les ont combattues. Dans les coalitions, « l'adhésion de chaque individu est indispensable ; « ceux-là seulement sont liés qui ont expressément

« consenti, et ils sont toujours maîtres de retirer leur
« consentement. Sans doute, l'association peut s'unir
« à la coalition, en devenir le résultat, le moyen ou
« l'origine ; elle n'en est pas l'élément essentiel. La
« coalition trouve en elle plus de force ; elle peut naî-
« tre et agir sans elle. »

Il résulte, d'une façon très-nette, de ce rapport que
l'idée du législateur n'était nullement de déroger
aux lois qui règlent les associations et les réunions.

Aux partisans de la liberté illimitée de coalition,
qui demandaient au gouvernement de ne pas maintenir l'application des lois prohibitives des associations de plus de vingt personnes, et des réunions
publiques non autorisées administrativement, le
rapporteur répondit : « Nous n'entendons pas faire
« une loi de privilège. On nous demande une loi de
« coalition en faveur des patrons et ouvriers ; nous
« n'avons pas pensé qu'il fût juste d'établir le droit
« de réunion pour les ouvriers, tandis qu'il n'existe
« pas pour les autres classes de citoyens. »

Ainsi se justifie parfaitement en droit la doctrine
émise par la Cour de cassation, dans son arrêt du
23 février 1866.

Des ouvriers veloutiers de Saint-Etienne, après
s'être mis en grève au mois de mai 1866, avaient
nommé, en assemblée générale, un comité central
chargé d'organiser la résistance. Poursuivis du chef
d'association illicite, les prévenus se défendirent
en invoquant la loi du 25 mai 1864. Ils prétendirent

que les ouvriers ayant le droit de se coaliser, on devait, par là-même, leur reconnaître implicitement et virtuellement le droit de se réunir et de s'associer dans ce but; car, leur concéder le droit de se coaliser, sans leur permettre de se réunir, pour s'entendre et organiser la résistance aux prétentions des patrons, c'était, en réalité, leur retirer un droit que la loi semblait leur accorder si largement.

Voici en quels termes la Cour s'est exprimée sur ce premier moyen de cassation :

« Sur le premier moyen, pris d'une violation des art. 291, 292, C. pén., 1 de la loi du 10 avril 1834 et 1 de la loi du 25 mai 1864, en ce que le droit de se coaliser, accordé par cette dernière loi, devait être considéré comme emportant la faculté de s'associer qui en serait inséparable ; que ce serait donc à tort que les prévenus seraient punis comme ayant formé une association non autorisée ; — Attendu qu'aux termes des art. 291, C. pén., et 1 de la loi du 10 avril 1834, nulle association de plus de vingt personnes dont le but est de se réunir pour s'occuper d'objets religieux, littéraires, politiques ou autres, lors même qu'elle serait fractionnée en sections d'un nombre moindre, et qu'elle ne se réunirait ni tous les jours ni à des jours marqués, ne peut se former qu'avec l'agrément du gouvernement;..... — Attendu que la loi du 25 mai 1864 ne dispense ni implicitement ni explicitement de l'autorisation administrative, les associations qui se rattacheraient à des coalitions ;

— Que si le concert entre les coalisés est de l'essence de la coalition, il n'en est pas de même de l'association organisée dans les conditions des art. 291, C. pén. et 1 de la loi du 10 avril 1834; que celle-ci peut ajouter sans doute à la force de la coalition et aider à en défendre les effets; mais qu'elle n'est pas un de ses éléments essentiels, ni son accompagnement obligé ; que le concert peut se former et se produire sans se constituer à l'état d'association organisée et permanente ; — Qu'aussi la loi du 25 mai 1864 se borne-t-elle à effacer de nos Codes le délit de coalition, et à réprimer certaines atteintes à la liberté du travail ; qu'aucun des termes de cette loi ou des nouveaux art. 414, 415 et 416 du Code pénal n'implique que le droit d'association soit ajouté à la liberté de se coaliser ; qu'il résulte au contraire de l'élaboration de la loi, et de la discussion qui a précédé son vote, que le législateur a voulu ne pas établir de privilège au profit des coalisés et ne pas les soustraire à l'empire des lois générales de police et de sûreté, qui s'imposent à tous les autres citoyens et qui règlent et limitent l'usage de leurs droits, et maintenir en cette matière, notamment l'application de l'art. 291 du Code pénal et de la loi du 10 avril 1834 sur les associations, comme celle du décret du 25 mars 1852 sur les réunions publiques, etc. (D. 66, I, 94).

Les modifications qui ont été apportées au régime des réunions publiques, depuis que cet arrêt a été rendu, ne changent en rien la solution indiquée ; le texte fondamental en cette matière est toujours la loi du 25 mai 1864, qui n'a pas eu l'intention d'accorder aux patrons et ouvriers un régime de faveur. Ils devront donc, s'ils veulent tenir des réunions, s'ils veulent fonder des associations licites, accomplir les formalités auxquelles n'échappent pas les autres citoyens.

Comités organisateurs de réunions, cours et conférences.

Lorsqu'un comité, composé d'un certain nombre de membres permanents, prend l'initiative d'organiser, soit des réunions publiques, soit des cours ou des conférences, on doit le considérer comme formant une association, et, par suite, l'astreindre à la nécessité d'une autorisation préalable si le nombre des associés est supérieur à vingt.

DEUXIÈME PARTIE.

Les réunions soit privées soit publiques ont longtemps été traitées de la même façon; on n'établissait entre elles aucune différence.

C'est seulement dans un arrêt de la Cour de cassation, en date du 16 août 1834 (arrêt Raousset de Boulbon), que nous voyons figurer pour la première fois cette distinction devenue classique.

Le décret de 1848 soumettait les réunions privées à la formalité d'une déclaration à la municipalité, et même d'une autorisation préalable si elle avait un but politique·(art. 14, 15). Mais aujourd'hui elles sont complétement libres ; car le décret de 1848 se trouve abrogé, et la loi de 1881 ne règle que les réunions publiques.

Dans quel cas pourra-t-on dire qu'une réunion est privée? On comprend facilement l'intérêt que présente cette question. Il est bien évident qu'on ne peut s'en rapporter à la qualification que lui ont donnée les organisateurs.

Quel est alors le critérium à adopter? Il y a là une large place laissée à l'interprétation de la jurisprudence. Ce sont les tribunaux qui, d'après les faits de la cause, auront à décider si la réunion qualifiée *privée* a bien en réalité ce caractère.

Pour que la réunion puisse être considérée comme privée, il faut d'abord qu'elle soit composée de personnes invitées par les organisateurs, au moyen de lettres personnelles et individuelles. Il faut de plus qu'aucune autre personne n'ait pu pénétrer dans la salle. C'est ainsi que la Cour de cassation a jugé qu'une réunion, qui se donnait comme privée, était pourtant publique, parce que « le commissaire de police et l'officier de paix qui l'accompagnait avaient pu y pénétrer librement, sans rencontrer d'obstacles, et sans qu'il leur fût fait la moindre question ou observation. »

La réunion serait encore publique, bien que la porte fût refusée rigoureusement au public, s'il était démontré que plusieurs personnes ont pu pénétrer avec la même carte, ou même, le nombre des présents ne dépassant pas le nombre des cartes envoyées, s'il était établi que plusieurs cartes ont été remises à une seule personne chargée elle-même de les adresser à qui bon lui semble.

On peut consulter à ce sujet deux arrêts de la Cour de cassation, l'un du 7, l'autre du 9 janvier 1869 ; et aussi un jugement du tribunal correctionnel de Lesparre (11 mars 1869), qui reconnaît le caractère de publicité à une réunion pour laquelle des invitations personnelles avaient été envoyées à tous les électeurs inscrits sur les listes électorales.

La doctrine de la Cour de cassation peut se formuler ainsi : pour qu'une réunion soit privée, il faut

qu'elle ait lieu par lettres de convocation personnelles et individuelles, et que l'entrée du local
soit expressément interdite à toute autre personne.
Il faut, de plus, que la salle ne soit pas disposée de
telle sorte que des étrangers puissent, du dehors,
percevoir ce qui se dit à l'intérieur.

DROIT COMPARÉ

DROIT COMPARÉ.

Nous ne pouvons examiner ici en détail la législation de chaque État. Cette étude serait très longue et, de plus, peu intéressante car elle comporterait des redites continuelles. Nous nous bornerons à mentionner la loi de quelques États européens ; et, à côté de l'Angleterre et de la Belgique, nous placerons l'Allemagne, l'Autriche et l'Espagne qui ont, sur le droit de réunion, des lois spéciales pouvant nous fournir des points de comparaison avec notre loi du 30 juin 1881.

Les autres pays n'ont, pour la plupart, pas de loi spéciale sur le droit de réunion ; leur constitution se borne, le plus souvent, à reconnaître le principe de la liberté du droit de réunion et renvoie, pour les détails d'application, au Code pénal et aux lois de police.

GRANDE-BRETAGNE.

Quand on parle de la Grande-Bretagne, il faut distinguer avec soin la législation existante de la pratique suivie actuellement. Celle-ci est très libérale, mais le gouvernement possède cependant des pouvoirs très larges dont il pourrait user pour entraver les *meetings*. S'il croit plus politique de ne pas s'en servir, cela ne modifie pourtant en rien ses droits qui subsistent intégralement.

En Angleterre, la liberté de s'associer et de se réunir a toujours été reconnue par la loi. Il n'a été fait exception à cette règle que pour les réunions présentant un caractère illégal, par suite de certaines circonstances de fait. Tel est l'état de choses résultant de la loi commune et des actes du parlement.

Un texte d'un juriconsulte du XVIe siècle, Marrow, porte : « *Illoial assemblée est, ou home assemble gentg de faire illoial acte.* »

La première loi qui apporte des restrictions au droit de réunion date d'Edouard Ier (33e année d'Édouard Ier, § 2) en 1305. Une autre se trouve mentionnée dans les collections des lois anglaises, à la date de 1391, sous Richard II; elle confirme et rend exécutoires toutes les lois et ordonnances contre ceux qui font irruption à main armée sur des terres et autres domaines et s'y maintiennent par force.

En 1393 diverses personnes ayant tenu dans les comtés de Chester, Lancaster, etc., des assemblées hostiles à la couronne et aux lois, ordre est donné aux magistrats d'emprisonner les perturbateurs si pareil fait se produit encore.

En 1414 Henri V ordonne la formation de commissions royales d'enquête pour suppléer les juges dans l'exécution de l'ordonnance précédente.

Sous le règne de Marie Tudor, un acte du Parlement porte que si plus de douze personnes s'assemblent avec armes et dans un esprit de rébellion, et, si elles refusent de se disperser après sommation du shériff, elles encourent la peine de mort.

Charles II limite le nombre des personnes pouvant se réunir pour signer une pétition à 20 quand c'est une pétition politique, et à 10 quand c'est une supplique au roi ou au Parlemeut.

Une autre loi du même prince interdit les réunions politiques dans les lieux publics (1676).

Le statut de la première année du règne de George Ier (chap. 5) (*Riot. act*) s'occupe des attroupements *illégaux* et *tumultueux* (riotous and tumultuous) et indique les mesures à prendre pour les disperser.

« ....

« Considérant les nombreux troubles qui ont eu
« lieu dernièrement dans différentes parties du
« royaume et l'insuffisance des lois existantes à les
« réprimer.

« .....Toute assemblée illégale ou émeutière com-
« posée de douze personnes ou plus qui, sommée
« par un magistrat de se disperser, continuera de se
« tenir une heure après cette sommation sera décla-
« rée criminelle, et les délinquants seront, comme
« en cas de félonie, passibles de la peine de mort.

« Les magistrats s'étant présentés devant les émeu-
« tiers ou s'en étant approchés le plus possible, li-
« ront à haute voix la sommation suivante :

« Le roi notre maître ordonne à toutes les per-
« sonnes ici assemblées de se disperser immédiate-
« ment, de rentrer tranquillement chez elles ou de
« vaquer à leurs affaires, sous les peines contenues
« dans l'acte de la première année du règne du ro-
« George sur les assemblées bruyantes ou émeu-
« tières. G. S. T. K. (que Dieu sauve le roi).

« Cette sommation faite, si, dans l'espace d'une
« heure les personnes assemblées ne se séparent pas,
« tout juge de paix, shériff, etc., et toute autre per-
« sonne requise de les chasser, auront le droit de
« saisir les délinquants et de les traduire devant la
« justice. S'il arrive que, dans l'exécution de la loi,
« les délinquants soient tués ou bloqués par suite
« de leur résistance, les exécuteurs de la loi seront
« à l'abri de toute poursuite. »

Plus tard, sous l'influence de la Révolution française et de l'excitation qu'elle produit dans les
esprits, on voit la *London corresponding Society*
correspondre avec la Convention et le club des Jacobins. Elle demandait non seulement le suffrage
universel et l'élection annuelle du Parlement, mais
encore elle votait des résolutions et des adresses
d'un caractère séditieux.

Une proclamation royale du 21 mai 1792 contenait,
entre autres choses, un ordre adressé aux shériffs de
prévenir (*to prevent*) les tumultes et désordres, et, malgré les réclamations de l'opposition, les deux Chambres votèrent une adresse approuvant l'acte royal.

Pitt, se sentant soutenu par la majorité, fit poursuivre alors les personnes coupables d'avoir prononcé des paroles séditieuses dans les lieux publics; et, en 1794, il poursuivit à Édimbourg la Société des amis du peuple dont les chefs furent arrêtés et condamnés à la déportation.

Mais l'excitation des esprits était telle que toutes ces mesures n'eurent aucun résultat. La Société de correspondance avait même rassemblé à Londres une foule qui se faisait remarquer par ses violences, et qui avait été jusqu'à attaquer le carrosse du roi. Une proclamation (4 novembre 1795) engagea alors les magistrats et tous les bons sujets du roi à faire tous leurs efforts pour prévenir de tels *meetings*.

Nous arrivons maintenant au célèbre bill de 1794, proposé par Pitt, et voté le 3 décembre, malgré l'opposition de Fox. Voici ses dispositions principales : les réunions de plus de cinquante personnes étaient interdites si elles n'avaient été précédées d'une déclaration à l'autorité. Celle-ci déléguait pour y assister un magistrat chargé de s'opposer à tout discours dirigé contre le roi, le Parlement ou la Constitution. L'auteur de toute proposition semblable pouvait être incarcéré et, en cas de résistance, traité comme félon et passible de la peine de mort. Le magistrat pouvait encore dissoudre le *meeting* s'il devenait tumultueux, et il n'était pas responsable alors des accidents qui pouvaient se produire pendant la dispersion.

Cette loi eût pour résultat d'empêcher les sociétés populaires, et, en particulier, la Société de correspondance de Londres, de tenir des assemblées publiques ; elles fomentèrent alors des soulèvements dans l'armée et dans la flotte jusqu'à ce qu'une loi spéciale eût réprimé ce crime (1797). (Statut 37e année de George III, c. 70).

Une loi du 19 avril 1799 frappa les associations politiques qui exigent de leurs membres des serments ou des promesses signées, et les sociétés qui gardent le secret sur le nom de leurs membres ou obéissent à des chefs qui ne se font pas connaître. La loi n'exceptait que les réunions religieuses, ou maçonniques.

Mais la loi la plus sévère fut rendue sous le règne de George III, le 13 mars 1817, (57e année de George III), dans un moment de troubles : toute assemblée politique de plus de cinquante personnes était interdite si elle n'avait été annoncée par écrit à un juge de paix par sept *house holders (chefs de famille)* ; toute assemblée devenait légale quand elle était convoquée par deux juges de paix, ou par les fonctionnaires du comité ou de la ville.

Cette même loi disait encore que les réunions de personnes ayant pour but d'entendre des discours, ou de souscrire en commun pour l'achat de journaux, étaient subordonnées à la nécessité d'une autorisation spéciale de deux juges de paix ; mais si, après cette permission obtenue, deux juges de paix recevaient déclaration sous serment que des tendances séditieuses s'étaient manifestées dans les discours ou dans les livres qu'on avait lus, les deux juges de paix devaient dissoudre l'assemblée.

Tout *meeting* tenu en contravention de l'acte de George III devait, sous peine d'être réputé criminel, se dissoudre après la sommation suivante :

« Le Roi notre maître ordonne à toutes les per-
« sonnes ici présentes de se disperser immédiatement,
« de réintégrer leur domicile ou de reprendre leurs
« affaires légales sous peine de mort. G. S. T. K. »

L'art. 23 de la même loi dit « qu'aucun *meeting* de plus de cinquante personnes, ayant pour objet de préparer ou de présenter une pétition, déclaration, adresse au roi ou au Parlement sur des sujets politiques ou religieux », ne peut, pendant les séances du Parlement, être tenu à moins de un mille de Westminster Hall.

Ce dernier article est toujours en vigueur, les autres ont été abrogés, soit tacitement, soit virtuellement. En effet, la plupart de ces dispositions n'étaient établies que pour un nombre d'années limité.

En 1819 eurent lieu des *meetings* pour essayer de faire modifier le mode d'élection des représentants du peuple. Le gouvernement lança contre eux une proclamation et fit même disperser, avec effusion de sang, un *meeting* à Manchester, bien qu'il fût pacifique. C'est à la suite de ces événements, qui soulevèrent une grande émotion dans tout le pays, que fût votée la fameuse loi connue sous le nom de *Six actes*. En vertu de l'un d'eux, aucune réunion de plus de cinquante personnes ne pouvait être tenue sans que sept *house holders* en eussent donné avis, six jours à l'avance, à un juge de paix. Il était interdit à tous les citoyens, sauf aux *free holders* ou aux habitants du comté, de la paroisse ou de la cité, d'assister à la réunion sous peine d'amende ou de prison. Le juge pouvait changer le jour et le lieu de réunion indiqués, mais aucun *meeting* n'avait le droit de s'ajourner lui-même. Toute réunion tendant à exciter à la haine et au mépris de la personne du roi, du gouvernement ou de la Constitution, était déclarée illicite. Les magistrats avaient alors tout pouvoir pour les disperser et arrêter les perturbateurs, et dans le cas où ils blessaient ou tuaient quelqu'un, ils étaient exempts de toute peine. Le port d'armes, étendards, bannières était prohibé et puni de deux ans de prison.

Les peines si rigoureuses de l'acte de George III, furent adoucies par la suite. C'est ainsi qu'un acte de la première année du règne de Victoria (ch. 91) a mitigé les peines appliquées antérieurement et leur a substitué : à la transportation à vie, la transportation pour 15 ans, ou un emprisonnement de 3 ans, au gré de la Cour de justice.

En 1846 (acte de la neuvième et dixième année de Victoria c. 33), les articles relatifs aux cercles et conférences furent virtuellement abrogés, et une loi décida en outre, que pour les délits subsistants, l'action populaire ne serait pas admise ; l'attorney et le solicitor conservaient seuls le droit d'action. Mais, en pratique, ils n'en usent jamais, bien qu'ils en aient fort souvent l'occasion. En effet tout rassemblement de trois personnes ou d'un plus grand nombre, lorsqu'il est suspect de fomenter quelque trouble, est illicite, et peut être renvoyé devant le jury chargé d'apprécier si la réunion avait un caractère illégal. Dans le cas d'un rassemblement séditieux de douze personnes au plus, la peine est celle appliquée aux félons.

Il résulte de ce que nous venons de voir que la distinction fondamentale est celle en *meetings* coupables ou non coupables. Les premiers sont interdits, les seconds complètement libres ; mais, comme il n'y a aucun *criterium* certain, pour reconnaître quelles réunions sont licites, la jurisprudence jouit d'un pouvoir d'appréciation complètement discréditionnaire.

Ainsi l'Angleterre, après avoir très longtemps limité le droit de réunion, a adopté maintenant une pratique beaucoup plus libérale. Il n'en est pas moins vrai qu'elle n'a pas pour cela abrogé ses anciennes lois restrictives, mais qu'elle les a conservées toutes, afin de ne pas se trouver désarmée en cas de besoin. Elle pourrait donc appliquer, si les circonstances l'exigeaient, l'acte de George III, modifié sur certains points, par un acte de la 1re année du règne de Victoria et par un autre postérieur, datant des neuvième et dixième année du même règne.

***

BELGIQUE.

L'histoire du droit de réunion en Belgique tient en quelques lignes. Le texte fondamental est l'art. 19 de la Constitution du 7 février 1831 ainsi conçu :

« Les Belges ont le droit de s'assembler paisible-
« ment et sans armes, en se conformant aux lois qui
« peuvent régler l'exercice de ce droit, sans néan-
« moins le soumettre à une autorisation préalable.
« Cette disposition ne s'applique point aux rassem-
« blements en plein air qui restent entièrement sou-
« mis aux lois de police. »

Le projet d'article présenté au Congrès par la section centrale disait seulement : les Belges ont le droit de s'assembler paisiblement et sans armes en se soumettant aux lois. Aucune autorisation préalable ne peut être requise. Un amendement modifia ce texte, et en fît le premier alinéa de l'art. 19.

Un membre du Congrès critiqua cette rédaction. Il montra le danger que pourrait faire courir à l'État un rassemblement de mineurs, par exemple, qui, dans le but d'obtenir une augmentation de salaire, pourraient organiser des coalitions dangereuses. C'est pour donner satisfaction à ces justes réclamations que fut voté le deuxième alinéa de l'art. 19.

Les lois de police auxquelles il est fait allusion sont d'abord : les anciennes lois françaises qui nous régissent encore (lois des 14 décembre 1789, 16-20 août 1790, 22 juillet 1791). A ces sources il faut ajouter deux autres lois d'une origine toute différente : celles du 6 mars 1818 et du 30 mars 1836. Ces lois donnent aux autorités communales le droit de faire des règlements qui soumettent à une autorisation préalable l'ouverture des bals publics et autres réunions du même genre. Il n'y a là rien de contraire à l'art. 19 de la Constitution; ce sont de simples mesures de police prises dans l'intérêt de la tranquillité de tous les habitants.

Cette interprétation a d'ailleurs reçu la sanction de plusieurs arrêts de la Cour de cassation belge (V. arrêts du 27 mai 1835 et 17 mai 1869).

ALLEMAGNE.

Il n'y a pas actuellement de loi générale s'appliquant d'une manière uniforme à tout l'empire d'Allemagne. La loi du 31 mai 1870, confirmée par celle du 16 avril 1871, déclare que les lois des différents États restent applicables aux pays qui les ont votées.

Art. 2. — § 2 « Demeurent en vigueur les dispositions spéciales..... concernant les droits d'association et de réunion. »

Il y a cependant quelques mesures générales que nous indiquerons plus loin parce qu'elles sont assez récentes, et qu'elles ne sont d'ailleurs qu'une exception aux lois des différents États allemands.

Nous allons commencer par étudier la législation prussienne, car elle est la base des lois des autres États qui ne s'en séparent que sur des points tout à fait secondaires.

Prusse.

Le texte fondamental, qui est la Constitution du 31 janvier 1850, porte dans ses art. 29 et 30 :

Art. 29. « Tous les Prussiens ont le droit de se réunir paisiblement et sans armes, dans un local fermé, sans autorisation préalable des autorités. »

Art. 30. ; . . . .

« La loi règle, pour le maintien de la sûreté publique, l'exercice du droit garanti par cet article et par l'art. 29. »

La loi annoncée par l'art. 30 de la Constitution est l'ordonnance du 11 mars 1850 contre l'abus des droits de réunion et d'association.

Art. 1er. — Pour toute réunion publique dont l'objet est de délibérer ou de discuter sur les affaires publiques, l'organisateur doit adresser à l'autorité chargée de la police locale, vingt-quatre heures au moins avant l'ouverture de la réunion, une déclaration en faisant connaître le lieu et l'heure. L'autorité délivrera immédiatement un récépissé de cette déclaration.

Si la-réunion n'est pas ouverte au plus tard, une heure après celle qu'indique la déclaration, elle ne sera pas considérée comme ayant été précédée d'une déclaration régulière; il en sera de même de la réunion qui reprendra des débats suspendus depuis plus d'une heure.

. . . .

Art. 4. — L'autorité chargée de la police locale est tenue d'envoyer soit un ou deux agents de police, soit une ou deux autres personnes en qualité de délégués, dans toute réunion dont l'objet est de délibérer ou de discuter sur les affaires publiques.

Les délégués de l'autorité doivent, s'ils sont agents de police, se présenter revêtus de leur uniforme, ou déclarer expressément leur qualité. S'il ne sont pas agents de police, ils doivent porter des insignes qui les fassent reconnaître.

Une place convenable doit être réservée aux délégués et le président est tenu de leur donner des renseignements, s'ils en demandent, sur la personne des orateurs.

Art. 5. — Indépendamment des poursuites qui seront dirigées par les voies légales contre les contrevenants, les délégués de l'autorité sont tenus de dissoudre immédiatement toute réunion dans laquelle le récépissé de déclaration ne pourra être présenté. Il en est de même pour les réunions dans lesquelles sont discutées des motions ou des propositions qui contiennent un appel ou une excitation à des actes punissables, et pour les réunions dans lesquelles paraissent des gens en armes, qui, contrairement à l'intimation du délégué, ne se sont pas éloignés.

Art. 6. — Dès qu'un délégué de l'autorité a déclaré une réunion dissoute, toutes les personnes présentes ont le devoir de s'éloigner immédiatement. Cette déclaration peut, au besoin, être mise à exécution par la force armée.

Art. 7. — Personne ne peut se présenter en armes dans une réunion, sauf les agents de police de service.

. . . .

Art. 9. Les réunions publiques en plein air ne peuvent avoir lieu sans l'autorisation écrite préalable de l'autorité chargée de la police locale.

L'autorisation doit être demandée par l'organisateur, directeur ou ordonnateur de la réunion, 48 heures au moins avant le rassemblement, et ne peut être refusée que s'il y a lieu de craindre que cette réunion ne soit un danger pour la sécurité ou pour l'ordre public.

Si la réunion doit se tenir sur une place publique dans une ville ou village, ou sur la voie publique, l'autorité chargée de la police locale doit, pour la délivrance de l'autorisation, avoir égard aux nécessités de la circulation.

Les dispositions des art. 1, 4, 5, 6 et 7 de la présente ordonnance sont applicables à ces réunions.

Art. 10. — Aux réunions mentionnées dans les articles précédents sont assimilées les processions publiques dans les villes ou villages sur les voies publiques. La demande d'autorisation doit indiquer l'itinéraire projeté. Les cortèges d'enterrement et aussi les processions nuptiales, là où elles sont en usage, les processions religieuses, les pélerinages organisés dans la forme accoutumée, sont dispensés de l'autorisation préalable et même de la déclaration.

Art. 11. — Aucune réunion populaire en plein air ne peut être autorisée par la police dans un rayon de deux milles de la résidence du roi, ou du lieu où siégent les Chambres ; l'interdiction n'est prononcée que pour la durée des sessions.

Art. 12. — Quand une réunion publique a eu lieu sans être précédée de la déclaration prescrite par l'article 1, l'organisateur est puni d'une amende de 5 à 50 thalers (18 fr. 75 à 187 fr. 50) ou d'un emprisonnement de huit jours à six semaines. Celui qui a loué ou prêté le local et celui qui a joué le rôle de directeur, ordonnateur, ou orateur encourt une amende de 5 à 50 thalers.

. . . .

Art. 14. — Quand dans une réunion, contrairement aux prescriptions de l'art. 4, le délégué de l'autorité se voit refuser l'entrée ou une place convenable, l'organisateur et quiconque a rempli dans la réunion le rôle de directeur, d'ordonnateur ou d'orateur sont punis d'une amende de 1 à 100 thalers (3 fr. 75 à 375 francs) ou d'un emprisonnement de 15 jours à 6 mois. Le président encourt la même

pèine quand il refuse de donner au délégué de l'autorité des renseignements sur la personne des orateurs, ou quand il lui donne sciemment des renseignements inexacts.

Art. 15. — Quiconque ne s'éloigne pas immédiatement après que le délégué de l'autorité a déclaré la
réunion dissoute (art. 5, 6 et 8) est puni d'une amende
de 5 à 50 thalers ou d'un emprisonnement de 8 jours
à 3 mois.

. . . .

Art. 17. — Quiconque prend part à une procession ou à une réunion en plein air, pour laquelle
l'autorisation exigée n'a pas été obtenue, est puni
d'une amende de 1 à 5 thalers.

Quiconque a provoqué ou fait provoquer à prendre
part à une telle réunion, ou à une telle procession,
avant l'arrivée de l'autorisation, et quiconque y a
paru comme ordonnateur, directeur ou orateur est
puni d'une amende de 5 à 50 thalers, ou d'un emprisonnement de huit jours à trois mois.

Ces peines sont encourues toutes les fois que la
procession ou la réunion a eu lieu dans une ville ou
village, ou sur la voie publique, ou qu'il s'agit d'une
réunion populaire comme celle que prévoit l'art. 11.
Dans tous les autres cas, les personnes qui y ont
pris part, même comme orateurs, ne sont punissables
que si le refus ou le retrait de l'autorisation ont été
auparavant annoncés publiquement ou portés à la
connaissance particulière desdites personnes.

Si le refus ou le retrait de l'autorisation sont annoncés pendant la réunion ou la procession, l'ignorance de ce refus ou de ce retrait ne peut être invoquée pour excuser une participation postérieure.

Art. 18. — Quiconque se présente en armes dans une réunion, contrairement à la défense portée par l'article 7, est puni de quinze jours à six mois de prison.

Art. 19. — Quiconque provoque à se présenter en armes dans une réunion, ou fait répandre un appel à cet effet, ou distribue des armes dans une réunion est puni d'un emprisonnement de six semaines à un an.

Art. 20. — Les actes qui sont passibles de peines, aux termes de cette ordonnance, sont exclus de la compétence du jury alors même qu'ils sont commis par la voie de la presse, sans que cependant il soit porté atteinte à la compétence du jury, à l'égard des délits politiques commis dans les réunions.

Art. 21. — Les dispositions précédentes ne s'appliquent ni aux réunions formées en vertu de la loi ou d'un ordre des autorités légales, ni aux réunions des membres des deux Chambres pendant la durée des sessions.

Art. 22. — Sera punie conformément à l'art. 125 du titre Ier du Code pénal militaire toute infraction aux prescriptions de l'art. 30 de la Constitution du 31 janvier 1850, ainsi conçu :

« La force armée ne peut délibérer ni dans le service, ni hors de service, ni se rassembler sans ordre. Il est interdit aux hommes de landwehr, de former soit des réunions, soit des associations pour délibérer sur les institutions militaires, les ordres et les dispositions concernant le service, alors même que la landwehr n'est pas sous les armes. »

Il est intéressant de relever dans cette loi les points les plus saillants qui la différencient de notre loi sur le droit de réunion : le législateur prussien de 1850 se montre en effet, sous plus d'un rapport, plus libéral que le législateur français de 1881.

La déclaration préalable n'est exigée que dans le cas où la réunion a pour objet de discuter sur les *affaires publiques*. Cette dernière expression est, il est vrai, très large ; elle comprend les matières politiques, religieuses, administratives, communales, etc.; mais les citoyens peuvent se réunir librement pour examiner toutes les autres questions qui les intéressent : organisation du travail, questions économiques, etc.

Pour qu'une réunion puisse avoir lieu en plein air (*unter freien Himmel*) il faut une permission spéciale de l'autorité, mais nous devons ajouter que, en principe, elles doivent être autorisées; c'est seulement quand elles présentent du danger pour l'ordre public que l'autorité peut les interdire. Cette règle est commune à toutes les réunions quel que soit l'objet de leurs délibérations. Ainsi l'a décidé un jugement du tribunal supérieur en date du 3 octobre 1862.

Nous avons à relever quelques lacunes dans la loi prussienne. L'article 1er dit bien que l'autorité doit donner un reçu de la déclaration qui lui est faite, mais il ne prévoit pas comment les choses doivent se passer si elle refuse de le délivrer. Les citoyens n'ont-ils aucun moyen de l'y contraindre? Leur droit de réunion devient alors illusoire, puisqu'il dépend du bon vouloir de la police locale, qui peut y mettre obstacle en refusant de recevoir la déclaration. La loi française a sagement prévu cette hypothèse.

La loi prussienne admet la présence dans chaque réunion publique de deux agents de police ou de deux délégués de l'administration, et leur permet de dissoudre la réunion si le récépissé de la déclaration ne peut être représenté, ou encore si les orateurs tiennent des discours contenant appel ou excitation à des actes punissables. Nous avons précédemment signalé le danger qu'il y a à laisser un fonctionnaire subalterne maître de dissoudre à son gré une réunion, et de le faire juge de questions très délicates, qui sont plutôt du ressort d'un tribunal que d'un agent de police.

Il est à remarquer que la loi prussienne n'exige pas la formation d'un bureau. Les seules personnes responsables à ses yeux sont les organisateurs, directeurs et orateurs, et aussi les assistants, dans le cas où la réunion a été dissoute ou tenue sans autorisation.

Telle est la législation prussienne sur le droit de

réunion. Elle peut être considérée comme le type généralement admis en Allemagne.

Duché de Bade.

Une loi du duché de Bade du 21 novembre 1867 a modifié celle du 30 octobre 1833 qui était très dure. Elle permettait à l'autorité publique d'interdire toute réunion menaçant « la sûreté de l'État ou le bien-être général » et de la dissoudre dans ce cas, si elle était déjà formée. Le seul fait de s'être réuni était punissable, s'il se produisait après la défense de l'autorité.

La loi actuellement en vigueur dans le grand duché de Bade est du 21 novembre 1867; elle ne diffère de la loi prussienne qu'en un seul point : elle n'exige la déclaration préalable que dans le cas où la réunion doit se tenir en plein air.

La loi de Hambourg du 30 juin 1831 (art. 3) défend la tenue de toute réunion en plein air dans l'intérieur de la ville.

Avant de revenir aux lois actuelles, générales à tout l'empire d'Allemagne, nous devons citer l'ordonnance du 25 juin 1867 (art. 2) qui rend applicable aux pays annexés à la Prusse en 1866, l'ordonnance du 11 mars 1850, et la loi du 31 août 1871 qui, en introduisant en Alsace-Lorraine le Code pénal allemand, a maintenu, cependant, par son article 2, les dispositions de la loi française de 1868 relatives au droit de réunion.

La loi du 2 mai 1864, applicable à tout l'Empire, interdit aux personnes qui font partie de l'armée active de prendre part aux réunions publiques (art. 49). Cet article est emprunté au Code pénal militaire (art. 101).

Dans les premiers mois de 1878, une proposition de loi fut faite au Parlement allemand, par MM. Kapell et Most, sur la liberté absolue d'association et de réunion ; mais ce projet ne fut même pas examiné. A la suite d'une tentative criminelle sur la personne de l'Empereur d'Allemagne, le gouvernement présenta en 1878, au Bundesrath, un projet de loi contre les menées socialistes. Il fut adopté par cette assemblée, mais repoussé par le Reischstag, malgré l'appel désespéré des ministres et l'intervention de M. de Moltke qui rappela les scènes de la Commune de Paris, dont l'armée allemande ayait été témoin. Ce projet eût donné au Bundesrath le droit d'interdire les publications et de dissoudre les réunions qui préconisent les théories de la démocratie socialiste ; le Reichstag eût eu seulement le droit de rapporter la mesure. La sanction de la loi était un emprisonnement de 4 mois au moins ; la durée de la loi était limitée à 3 ans.

Après un nouvel attentat contre l'Empereur suivi de la dissolution de la Chambre, le gouvernement présenta un nouveau projet de loi encore plus rigoureux que le précédent (16 septembre 1878). Il fut voté par le Reichstag, adopté par le Bundesrath, et enfin promulgué le 21 octobre 1878. Cette loi était dirigée « contre les aspirations démocratiques socialistes présentant un danger général. » (*Gesetz gegen die gemeingefahrlichen Bestrebungen der Sozial-Democratie*); elle supprima pour un temps toute liberté en Allemagne.

Art. 9. — Les réunions dans lesquelles se manifestent des aspirations ayant pour objet le renversement de l'ordre politique ou social existant doivent être dissoutes. Celles qui peuvent être considérées comme ayant pour but de favoriser ces aspirations doivent être interdites. . . . .

Art. 10. — La police a le droit d'interdire et de dissoudre les réunions. Il n'y a d'autre recours contre ces mesures que le pourvoi devant les autorités supérieures de la police.

. . . .

Art. 17. — . . . .

Quiconque aura pris part à une réunion interdite, ou ne se sera pas éloigné aussitôt que la réunion aura été dissoute par la police sera puni de la même peine (amende 500 marcks au plus (soit 625 fr.) et trois mois de prison au plus).

Seront punis d'un emprisonnement d'un mois à un an ceux qui auront pris part aux dites associations ou réunions en qualité de président, de directeur, d'organisateur, d'agent, d'orateur ou de trésorier, ou qui auront invité à assister auxdites séances.

Art. 18. — Quiconque aura fourni un local à une

association ou à une réunion interdites sera puni d'un emprisonnement d'un mois à un an.

L'art. 28 permet enfin aux autorités centrales des États confédérés de prendre, pour la durée d'un an, des mesures extraordinaires en cas de danger pour la sûreté publique.

Le gouvernement voulait que la loi eût une durée non limitée; mais le Reichstag fixa pour terme la date du 31 mars 1881. Cette loi n'est donc plus en vigueur actuellement.

AUTRICHE.

Depuis l'introduction du régime parlementaire par le diplôme impérial de 1860 et la loi du 26 février 1861, et le compromis de 1867 entre le gouvernement de Vienne et la Diète hongroise consacrant la division de la monarchie en deux royaumes, les lois constitutionnelles de 1867 sont le monument législatif fondamental en matière de droit public.

« Art. 12. — Les citoyens autrichiens ont le droit « de se réunir et de former des associations. L'exer« cice de ces droits est réglé par des lois spéciales. »

La loi à laquelle il est fait allusion est celle du 15 novembre 1867 dont nous reproduisons intégralement le texte :

Loi du 15 novembre 1867.

« Art. 1er. — Les réunions sont autorisées dans les
« limites déterminées par la présente loi.

« Art. 2. — Quiconque voudra organiser une réu-
« nion populaire ou, en général, une assemblée pu-
« blique, sans se limiter à des hôtes invités, devra
« en donner connaissance, par écrit, à l'autorité
« (art. 16), et ce, trois jours au moins avant la réu-
« nion, en indiquant le but, le lieu et le jour de cette
« réunion. L'autorité sera tenue d'accuser réception
« de cet avis.

« Art. 3. — Les réunions en plein air devront avoir
« préalablement reçu l'approbation de l'autorité.

« Les organisateurs de ces réunions devront solli-
« citer l'autorisation de l'autorité. Le but, le jour et
« l'heure de la réunion devront être mentionnés dans
« la demande, comme dans l'autorisation ; de même
« pour tous les cortèges publics, dont l'itinéraire de-
« vra également être indiqué. Le refus d'approba-
« tion, s'il y a lieu, devra se faire par écrit et être
« dûment motivé.

« Art. 4. — Les réunions électorales ayant pour
« but des discussions d'élection, ou des conférences
« avec les députés élus, ne seront pas soumises aux
« dispositions de la présente loi, lorsqu'elles auront
« lieu à l'époque des élections, et qu'elles ne seront
« pas tenues en plein air.

« Art. 5. — En outre, sont exclus des dispositions

« de la présente loi : les réjouissances publiques,
« les noces, les fêtes ou cortèges populaires, les en-
« terrements et processions, les pèlerinages et toutes
« réunions ou cortèges dans l'exercice d'un culte au-
« torisé, lorsque les cortèges et réunions se font de la
« manière accoutumée.

« Art. 6. — Les réunions dont le but sera con-
« traire aux lois générales, ou qui présenteraient des
« dangers pour la sûreté publique, ou pour le bien
« public, seront interdites par l'autorité.

« Art. 7. — Lorsque le Reichsrath ou un Landtag
« seront assemblés, aucune réunion en plein air ne
« pourra avoir lieu ni à l'endroit de leur siége, ni
« dans un rayon de cinq lieues.

« Art. 8. — Aucun étranger ne pourra être orga-
« nisateur, ni directeur ou commissaire d'une réu-
« nion pour traiter d'affaires publiques.

« Art. 9. — Personne ne pourra paraître armé aux
« réunions mentionnées aux art. 2 et 3.

« Art. 10. — Les pétitions et adresses émanant des
« réunions ne pourront être remises par plus de
« dix personnes.

« Art. 11. — Le devoir de faire observer la loi, et
« de maintenir l'ordre dans les réunions incombe, en
« premier lieu, au président ou aux commissaires
« des réunions. Ils auront à s'opposer à tous actes ou
« paroles contraires à la loi, et, si leurs injonctions
« ne sont pas écoutées, le président devra prononcer
« la clôture de la réunion.

« Art. 12. — L'autorité aura le droit d'envoyer un
« ou, suivant les circonstances, plusieurs délégués,
« même pour prendre part aux réunions mentionnées
« aux art. 2 et 3. Une place, au choix des délégués,
« leur sera assignée au sein de la réunion, et, sur
« leur demande, on leur donnera tous renseigne-
« ments sur la personne des orateurs.

« Art. 13. — Toute réunion qui aurait lieu contrai-
« rement aux termes de la présente loi sera interdite
« ou dissoute par l'autorité (art. 16 et 17).

« De même, une réunion, quoique convoquée léga-
« lement, pourra être dissoute par le délégué de
« l'autorité, ou, en l'absence de celui-ci, par l'auto-
« rité elle-même, si, dans cette réunion, il se passe
« des choses contraires à la loi, ou lorsque la réu-
« nion prendra un caractère menaçant pour l'ordre
« public.

« Art. 14. — Dès qu'une réunion aura été décla-
« rée dissoute, tous les assistants devront quitter le
« lieu de l'assemblée et se séparer. En cas de refus,
« on pourra employer la force pour obtenir cette
« dispersion.

« Art. 15. — Les prescriptions des art. 13 et 14
« sont également applicables aux cortèges publics.

« Art. 16. — Par autorité, on doit entendre dans
« la présente loi :

« A. L'autorité supérieure de sûreté provinciale,
« là où il en existera ;

« B. L'autorité politique provinciale aux endroits

« où elle aura son siége, du moment que ce siége
« n'est pas en même temps la résidence de l'autorité
« supérieure de sûreté publique ;

« C. Partout ailleurs, l'autorité publique de l'ar-
« rondissement.

« Art. 17. — En cas de danger pressant pour la
« tranquillité publique, toute autorité chargée du
« maintien de l'ordre, aura le droit de dissoudre ou
« d'interdire une réunion tenue dans des conditions
« contraires à la présente loi. Cependant l'autorité
« compétente (art. 16) devra immédiatement en être
« avertie.

« Art. 18. — Il pourra être fait appel à l'autorité
« provinciale de toute décision des autorités infé-
« rieures, et, au ministère de l'Intérieur de toute
« décision de l'autorité provinciale.

« Art. 19. — Toutes contraventions à la présente
« loi, en tant qu'elles ne tombent pas sous le coup
« du Code pénal, seront punies de prison jusqu'à
« six semaines ou d'amende jusqu'à 200 florins.

« Art. 20. — En cas de guerre ou de troubles
« intérieurs, les dispositions de la présente loi pour-
« ront temporairement, et pour certaines localités,
« être suspendues par le gouvernement.

« Art. 21. — Les ministres de l'Intérieur et de la
« Justice sont chargés de l'exécution de la présente
« loi. »

La loi autrichienne exige donc, comme la loi française, une simple déclaration préalable ; mais le déclarant ne doit pas nécessairement jouir de ses droits civils et politiques, il suffit qu'il soit autrichien.

On peut rapprocher de notre loi de 1868, qui exigeait que les réunions eussent lieu dans un local clos et couvert, l'art. 3 de la loi autrichienne qui ne les permet en plein air que sous le bénéfice d'une autorisation spéciale de l'autorité. Des exceptions sont faites en faveur de certaines réunions telles que les fêtes, noces, etc., et aussi en faveur des réunions électorales, si elles ne se tiennent pas en plein air ; aucune formalité n'est alors exigée.

L'autorité autrichienne a le droit d'interdire ou de dissoudre les réunions qui présentent un danger pour la sûreté publique ; c'est le même droit qui était donné à nos préfets par l'art. 13 de la loi de 1868, que le gouvernement voulait faire reconnaître à ses agents dans le projet de la loi de 1881.

Une autre disposition semble empruntée à la loi anglaise : c'est l'art. 7 qui défend de tenir des réunions publiques dans un rayon de 5 lieues autour de la salle des séances du Reichsrath ou du Landtag.

Le droit de dissolution appartenant au représentant de l'autorité est assez étendu dans la loi autrichienne ; car il peut être exercé non-seulement quand la réunion est tenue illégalement, mais encore quand elle prend un caractère alarmant pour l'ordre public.

En cas de guerre, le gouvernement se réserve en

outre le droit de suspendre l'application de cette loi.

En 1875, au cours de la session du Reichsrath autrichien, des députés proposèrent une loi dans le sens de la liberté d'association et de réunion. Les auteurs de la proposition s'élevaient contre les dangers de l'arbitraire de l'administration, et ils demandaient la nomination d'une commission chargée d'examiner la loi du 15 novembre 1867, de faire une enquête sur la façon dont elle aurait été pratiquée, et de proposer ensuite les réformes jugées nécessaires.

La commission a été nommée, mais ses travaux n'ont pas encore abouti.

ESPAGNE.

En Espagne, le droit d'association n'était pas reconnu par la Constitution de 1845, et la loi du 2 avril 1845 (art. 5) exige l'autorisation des autorités chargées de veiller à la tranquillité publique. Ces autorités devaient dissoudre les sociétés illicites. Les art. 202 et 205 du Code pénal considèrent comme illicites les sociétés secrètes et toutes les autres associations prohibées. On entend par là toutes les *réunions* politiques quotidiennes ou périodiques de plus de 20 personnes, quel que soit l'objet de leur réunion.

« Les autorités administratives, dit un auteur espagnol, M. Colmeiro, doivent poursuivre les contrevenants comme perturbateurs de la paix publique, les punir dans les limites de leur pouvoir, ou les déférer aux tribunaux compétents pour être jugés conformément aux lois. »

La Constitution espagnole de 1869 était très libérale. En voici quelques extraits qui se rapportent au droit de réunion :

« Art. 17. — Aucun Espagnol ne pourra non plus
« être privé du droit d'émettre librement ses idées et
« ses opinions, soit par parole, soit par écrit, en se
« servant de la presse ou de tout autre procédé ana-
« logue ;

« *Du droit de se réunir pacifiquement ;*

« Du droit de s'associer pour toutes les fins de la vie
« humaine qui ne sont pas contraires à la morale pu-
« blique, et enfin :

« Du droit d'adresser des pétitions, etc. . . . . . .

« Art. 18. — Toute réunion publique sera soumise
« aux dispositions générales de police.

« Les réunions à l'air libre et les manifestations po-
« litiques ne pourront avoir lieu que de jour.

. . . .

« Art. 20. — Il ne pourra être établi, ni par les lois,
« ni par les autorités, *aucune disposition préventive,*
« relativement à l'exercice des droits définis par le
« présent titre. »

Cette Constitution était une des plus libérales. La disposition de l'art. 20, qui défend de faire une loi restrictive du droit de réunion, rappelle la Constitution fédérale des États-Unis.

Le 1er janvier 1875, la monarchie espagnole était rétablie à la suite du *pronunciamento* du général Martinez-Campos qui proclamait Alphonse XII. Pendant un an le nouveau roi gouverna sans le secours des Cortès, aussi les décrets qu'il rendit n'avaient-ils qu'un caractère provisoire. C'est à cet ordre de décisions qu'il faut rapporter deux ordonnances royales touchant la matière qui nous occupe ici.

La première est une ordonnance du 3 février 1875 interdisant les rassemblements dans les rues, places et promenades sans la permission de l'autorité, et toutes les réunions ayant un but politique. La seconde est un décret du 18 mai 1875 autorisant la presse à discuter les questions constitutionnelles, et chargeant les autorités d'accorder la permission de tenir des réunions publiques.

La Constitution qui a été votée en 1876 est beaucoup plus restrictive que celle de 1869.

« Art. 13. — Tout Espagnol a le droit :

« D'émettre librement ses idées et opinions soit par « la parole, soit par écrit, et cela au moyen de la « presse ou d'autres procédés semblables, sans être « soumis à la censure préventive;

« De se réunir pacifiquement ;

« De s'associer pour les fins de la vie humaine, etc. »

Cette article est le même que l'art. 17 de la Constitution de 1869. Mais, au lieu de reproduire aussi l'art. 22, qui garantissait l'exercice de ce droit d'une façon absolue, en défendant de le restreindre, la Constitution de 1876 annonce qu'une loi réglera l'exercice du droit de réunion de façon à sauvegarder les droits des citoyens et de l'État.

« Art. 14. — Les lois édicteront les règles propres
« à placer les Espagnols dans le respect réciproque
« des droits que ce titre leur reconnaît, sans amoin-
« drissement des droits de la nation, ni des attributs
« essentiels du pouvoir public.

« Elles détermineront de même la responsabilité
« civile et pénale à laquelle seront astreints, suivant
« les cas, les juges, autorités et fonctionnaires de
« toute classe qui attenteraient aux droits énumérés
« par le présent titre. »

Jusqu'au vote de la loi promise par cet art. 14, les Espagnols ont été soumis au régime organisé par l'ordonnance du 8 février et le décret du 18 mai 1875.

Le projet de loi sur les réunions publiques fut présenté le 9 mars 1878, et le rapport déposé le 27 mars de la même année. Il aboutit au vote de la loi du 15 juin 1880 que nous reproduisons en entier.

Loi du 15 juin 1880 sur le droit de réunion.

« Art. 1. — Le droit de réunion accordé aux Espa-
« gnols par l'art. 13 de la Constitution, peut être
« exercé par tous sans autre condition, lorsque la
« réunion doit être publique, que l'obligation pour
« les organisateurs de faire une déclaration écrite

« et signée, de l'objet, du lieu, du jour et de l'heure
« de la réunion, 24 heures auparavant, au gouver-
« neur civil dans les capitales des provinces, et à
« l'autorité locale dans les autres communes.

« Art. 2. — Par réunion publique, au sens de la
« loi, on entend celle qui doit comprendre plus de
« 20 personnes, et doit avoir lieu dans un local où
« les organisateurs n'ont pas leur domicile habituel.

« Art. 3. — Les réunions publiques, processions
« civiques et cortèges ont besoin pour se produire
« dans les rues, places, promenades et autres lieux
« de passage, de la permission préalable et par écrit
« des autorités énumérées à l'art. 1er.

« Art. 4. — A toute réunion publique peuvent
« assister les autorités en personne ou par leurs délé-
« gués. Dans le cas où elles viennent en personne,
« elles doivent prendre la place qui leur convient,
« sans pouvoir présider ni se mêler à la discussion.

« Art. 5. — L'autorité peut dissoudre ou suspendre :

« 1° Toute réunion publique tenue en dehors des
« conditions prescrites ;

« 2° Celles qui, formées conformément à la loi,
« s'occupent de sujets non indiqués dans la déclara-
« tion, ou se tiennent dans un lieu autre que le lieu
« déclaré ;

« 3° Celles qui embarrassent la circulation ;

« 4° Celles qui sont définies par l'art. 189 du Code
« pénal ;

« 5° Celles dans lesquelles on commet ou essaie de

« commettre un des délits spécifiés au titre III livre II
« du même Code.

« Dans tous les cas, l'autorité locale rendra compte
« immédiatement au gouvernement; et dans les
« deux derniers cas, le tribunal compétent sera en
« outre saisi, pour ce qui regarde la peine.

« Art. 6. — Les réunions auxquelles se réfère l'ar-
« ticle 2, quand elles sont tenues par les électeurs
« d'une circonscription, pendant la période électo-
« rale, peuvent être suspendues par un délégué de
« l'autorité, si elles se trouvent dans l'un des cas
« prévus par l'art. 5.

« La réunion suspendue pourra avoir lieu dans les
« vingt-quatre heures suivantes, si les organisateurs
« en font la déclaration à l'autorité; si une nouvelle
« suspension intervient, la réunion sera définitive-
« ment dissoute.

« Art. 7. — Ne sont pas soumises à la présente loi :
« 1º Les processions du culte catholique ;
« 2º Les réunions de ce même culte et des autres
« cultes tolérés qui se tiennent dans les temples et
« les cimetières ;
« 3º Les réunions que tiennent les associations et
« établissements conformément à leurs statuts ap-
« prouvés par l'autorité ;
« 4º Les réunions pour les représentations théâ-
« trales et autres spectacles. »

On peut remarquer dans cette loi des analogies

très frappantes avec la loi française. Telles sont entre autres la déclaration préalable exigée des organisateurs ; le délai de vingt-quatre heures qui doit s'écouler entre la déclaration et la réunion; la faculté donnée à l'autorité d'y assister en personne ou de s'y faire représenter par des délégués; la prohibition des réunions sur la voie publique, à moins d'autorisation préalable et par écrit des autorités.

Mais à côté de ces analogies, il y a des différences très profondes. En Espagne, la déclaration est faite par les organisateurs; pas de nécessité d'avoir la signature de deux déclarants; une seule personne suffit, il ne lui est imposé aucune condition de qualité ou de domicile. La loi française exige, au contraire, que les signataires jouissent de leurs droits civils et politiques, et que l'un d'eux au moins réside dans la commune. En France, les organisateurs doivent faire connaître la nature de la réunion (conférence, discussion publique, réunion électorale); la loi espagnole va jusqu'à exiger, comme dans le projet de loi présenté par le gouvernement français, l'indication du sujet qui sera traité. La sanction se trouve dans l'article 5, n° 2, qui permet de dissoudre les réunions qui s'occupent de sujets non indiqués dans la déclaration. D'une façon générale le droit de dissolution est plus étendu pour l'autorité espagnole que pour l'autorité française; celle-ci ne peut que constater les infractions commises et n'a le droit de dissolution qu'en cas de réquisition du bureau, ou de collisions et voies de fait.

On peut remarquer que la loi espagnole n'exige pas la constitution d'un bureau chargé du maintien de l'ordre dans la réunion, qu'elle ne prévoit pas l'hypothèse où le gouverneur civil ou l'autorité locale refuse de recevoir la déclaration, ou en conteste la remise, après l'avoir effectivement reçue.

Nous devons citer la définition donnée de la réunion publique : c'est celle qui comprend plus de vingt personnes et doit avoir lieu dans un local où les organisateurs n'ont pas leur domicile habituel. Cette définition rappelle très-visiblement notre article 291 du Code pénal sur les associations; elle délimite d'une façon très-nette le champ d'application de la loi. On peut remarquer qu'elle est beaucoup plus large que notre distinction en réunions publiques et privées, puisque une assemblée, quel que soit le nombre de ses membres, et quel que soit le mode d'invitation employé, ne tombera pas sous le coup de la loi par cela seul qu'elle a lieu au domicile des organisateurs.

Telle est l'économie générale de la loi espagnole. Le projet de la commission des Cortès était un peu différent. La modification la plus importante a été l'adjonction de l'art. 7 relatif aux réunions électorales. Elles jouissent d'une légère faveur : la dissolution ne peut être prononcée de suite, mais seulement la suspension; si, dans les vingt-quatre heures une nouvelle déclaration est faite par les organisateurs, la nouvelle suspension qui intervient alors équivaut à une dissolution.

TABLE DES MATIÈRES.

DEUXIÈME PARTIE. — RÉUNIONS PRIVÉES.

DROIT COMPARÉ.

POSITIONS

DROIT ROMAIN.

I. — La *Patrum auctoritas* est donnée par le Sénat. En d'autres termes, les *Patres* ne sont autres que les sénateurs.

II. — Jusqu'à l'époque où les empereurs ont transféré le pouvoir législatif des Comices au Sénat, les sénatus-consultes n'ont pas eu force de loi vis-à-vis de tout le *populus*.

III. — Il est inexact de présenter toutes les *exceptiones* comme des moyens de défense fondés sur l'équité.

IV. — En déclarant que la compensation s'opère *ipso jure*, Justinien a voulu dire qu'elle était judiciaire et non pas qu'elle était légale.

DROIT FRANÇAIS.

I. — La réduction des droits de l'enfant naturel autorisée par l'article 761 du Code civil ne peut avoir lieu par la seule volonté du père ou de la mère, et sans l'acceptation de l'enfant.

II. — Le mari qui contracte une assurance sur la vie payable à sa femme survivante lui fait une véritable donation, conformément à l'art. 1121 du Code civil ; et s'il tombe en faillite, la veuve ne peut l'invoquer au détriment de la masse.

III. — Lors du rachat d'un fonds vendu à réméré, les fruits naturels se partagent comme les fruits civils.

IV. — Le droit pour le mari d'intenter l'action en partage est réglé par l'article 818 et non par l'article 1540.

V. — L'enfant conçu avant le mariage naît légitime et non pas seulement légitimé.

DROIT CONSTITUTIONNEL.

I. — Les signataires d'une déclaration de réunion publique ne sont pas tenus de faire légaliser leurs signatures.

II. — Les réunions publiques peuvent avoir lieu au moins jusqu'à onze heures du soir. Un maire ne peut prendre un arrêté pour les obliger à se dissoudre à une heure moins tardive.

III. — Les procès-verbaux rédigés par le maire

ou par le délégué de l'administration ne font foi que jusqu'à preuve contraire.

IV. — Le droit de coalition établi par la loi du 25 mars 1864 n'emporte pas la faculté de former des réunions publiques sans se conformer à la loi.

DROIT PÉNAL.

I. — L'article 10 qui punit les contraventions à la loi du 30 juin 1881 des peines de simple police doit être entendu en ce sens que l'amende et l'emprisonnement peuvent être appliqués cumulativement dès la première contravention.

II. — Les membres du bureau, qu'ils soient ou non élus par l'assemblée, sont responsables de l'inaccomplissement des formalités exigées par la loi, quand même ces dernières auraient dû précéder le moment de leur entrée en fonctions.

III. — Une Cour d'assises est incompétente, même en cas de renvoi des débats à une autre session, pour ordonner la mise en liberté provisoire d'individus accusés de crimes, et arrêtés en vertu de l'ordonnance de prise de corps contenue dans l'arrêt de mise en accusation.

DROIT INTERNATIONAL.

I. — La notification diplomatique du blocus aux nations neutres n'est pas suffisante pour justifier la capture d'un navire qui la méconnaît; il faut de plus une notification spéciale au navire.

Vu par le Président de la thèse :
PH. JALABERT.

Vu par le Doyen :
Cʜ. BEUDANT.

Paris, imp. F. Pichon. — A. Cotillon & Cⁱᵉ, 30, rue de l'Arbalète, & 24, rue Soufflot.